AS EMOÇÕES E O DIREITO

AS EMOÇÕES E O DIREITO

Regis Fernandes de Oliveira

São Paulo, 2024

As emoções e o Direito
Copyright © 2024 by Regis Fernandes de Oliveira
Copyright © 2024 by Novo Século Ltda.

EDITOR: Luiz Vasconcelos
COORDENAÇÃO EDITORIAL: Silvia Segóvia
PREPARAÇÃO: Adriana Bernardino
REVISÃO: Andrea Bassoto
João Campos
DIAGRAMAÇÃO: Manoela Dourado
CAPA: Debs Bianchi | Biancheria

Texto de acordo com as normas do Novo Acordo Ortográfico da Língua Portuguesa (1990), em vigor desde 1º de janeiro de 2009.

Dados Internacionais de Catalogação na Publicação (CIP)
Angélica Ilacqua CRB-8/7057

Oliveira, Regis Fernandes de
  As emoções e o Direito / Regis Fernandes de Oliveira. -- Barueri, SP : Novo Século Editora, 2024.
  192 p.

Bibliografia
ISBN 978-65-5561-721-4

1. Direito – Filosofia 2. Emoções I. Título

24-1037   CDD 340

Índice para catálogo sistemático:
1. Direito – Filosofia

Alameda Araguaia, 2190 – Bloco A – 11º andar – Conjunto 1111 CEP 06455-000 – Alphaville Industrial, Barueri – SP – Brasil
Tel.: (11) 3699-7107 | E-mail: atendimento@gruponovoseculo.com.br
www.gruponovoseculo.com.br

Nada é mais comum na filosofia, e mesmo na vida corrente, que falar no combate entre a paixão e a razão, dar preferência à razão e afirmar que os homens só são virtuosos quando se conformam a seus preceitos. Afirma-se que toda criatura racional é obrigada a regular suas ações pela razão; [...] procurarei provar, primeiramente, que a razão, sozinha, não pode nunca ser motivo para uma ação da vontade; e, em segundo lugar, que nunca poderia se opor à paixão na direção da vontade.

(Hume, 2009, p. 448/449)

SUMÁRIO

INTRODUÇÃO
O Apolíneo e o Dionisíaco. As paixões em Shakespeare. Alguns conceitos. As emoções são humanas. A cólera como fundamento das alterações políticas e sociais. As emoções mudando o mundo. O rock. As emoções ligadas ao Direito.. 11
- As previsões constitucionais... 13
- O Apolíneo e o Dionisíaco.. 14
- As paixões em Shakespeare 14
- As paixões na ópera.. 15
- Alguns conceitos 16
- As emoções são humanas 16
- A cólera como fundamento de alterações políticas e sociais 17
- As emoções mudando o mundo 17
- As emoções ligadas ao Direito 19

01. O Direito. O ser humano no mundo........................... 21
02. Estado e natureza humana 25
03. O poder, o Direito, o dinheiro e a arte. Visões sobre o objeto...... 29
- 3.1 Visões sobre o objeto 34

04. O primeiro relacionamento com o mundo. Platão. Aristóteles.. 35
- 4.1 As três partes da alma 36
- 4.2 O mito do Auriga 36
- 4.3 Aristóteles 37

05. São Tomás de Aquino 39
06. Descartes.. 41
07. Spinoza 43
08. Sartre... 47
09. Edgar Morin 49
10. O mundo das normas. O positivismo. Ordenamento, normas e sanções 51
- 10.1 Sanção.. 54
- 10.2 A linguagem. Sinais. Símbolos. As palavras vagas 57

11. O mundo hoje e a sociedade moderna 61
    11.1 A mulher 61
    11.2 O gênero 62
    11.3 A etnia 63
    11.4 A família 63
    11.5 Guerras e mudanças 64

12. A neurociência e Antônio Damásio. A homeostasia 67

13. Compreensão do mundo e não mera descrição 71
    13.1 Os dois mundos 73
    13.2 A religião. Visão de diversos autores 73
        13.2.1 Teoria dos sonhos 74
        13.2.2 A teoria de Émile Durkheim 75
        13.2.3 Sigmund Freud, Carl Jung e David Hume 75
        13.2.4 Adoração de ídolos 77
        13.2.5 Politeísmo e monoteísmo 78
        13.2.6 O judaísmo 79
        13.2.7 O islamismo 79
        13.2.8 Mito, religião e filosofia 79
    13.3 A busca do ente eterno 80
    13.4 A religião em Max Weber 85

14. As paixões (emoções). Os sentimentos (individuais) e as emoções (públicas) 87

15. Breve história das emoções. Grécia. Platão e Aristóteles. As emoções vistas pelos gregos 93
    15.1 A tragédia grega 96
    15.2 Roma. Cícero. Sêneca 97
    15.3 Agostinho. Islamismo. Tomás de Aquino 98
    15.4 Os eventos do mundo motivados pelas paixões 100
    15.5 A Idade Média e as bruxas 102
    15.6 Descartes 104
    15.7 Spinoza 105
    15.8 Esclarecimento ou Iluminismo 106
    15.9 Darwin e William James 108
    15.10 Freud 109

15.11 Schopenhauer 111
15.12 David Hume 111
15.13 Adam Smith 112
15.14 Sartre 112

16. Alguns afetos. Desejo. Alegria e tristeza. Ira e vergonha. O medo 115
    16.1 O mal 117
    16.2 Perdão 118
    16.3 Amor 119

17. As emoções e a inteligência artificial (IA) 121
18. Uma volta às religiões 125
19. Sequência de ideias. Direito e emoções 129
20. Os reflexos nos órgãos de poder 133
    20.1 O legislativo 134
    20.2 O executivo 135
    20.3 O judiciário 137
    20.4 O conflito entre os órgãos de exercício do poder 138

21. Demais órgãos do Estado e a sociedade.. 141
22. Somos escravos das emoções ou podemos controlá-las?..........143
23. A conexão entre Direito e emoções 147
24. O ser humano. Terminologia. Afecções individuais e sociais. Internas (memória) e externas (naturais e humanas). As emoções (paixões) e os sentimentos 151
25. Ideologia..155
26. Qual a consequência do estudo das emoções no Direito? Para que serve? 159
27. O político nas emoções. As políticas públicas. As emoções no orçamento... 161
    27.1 As políticas públicas 163
    27.2 As emoções no orçamento 164

28. A ética...167
29. Niccolò Machiavelli e o mundo como ele é 169
30. Para que o estudo das emoções? O retorno. O mundo das desigualdades. Preconceitos. Raça, gênero. Drogas.........................171

31. A Constituição e as emoções. O pertencimento 177
32. Da inconstitucionalidade e da nulidade 179
33. As emoções no abalo das democracias 181

REFERÊNCIAS BIBLIOGRÁFICAS 183

INTRODUÇÃO

O Apolíneo e o Dionisíaco. As paixões em Shakespeare. Alguns conceitos. As emoções são humanas. A cólera como fundamento das alterações políticas e sociais. As emoções mudando o mundo. O rock. As emoções ligadas ao Direito.

Falar em emoções ou paixões no mundo jurídico soa como heresia. No mínimo, não é usual cuidar do tema. Ocorre que o Direito é vivenciado e aplicado por humanos, e quem a ele submete-se também são os humanos. Logo, Direito e emoções são indissociáveis. O Iluminismo, quiçá, tenha limitado o uso das segundas no primeiro. É que a importância de Kant na filosofia e Kelsen no Direito sufocou tentativas de estudos paralelos, mas não menos importantes.

O estudo que ora se propõe busca ressuscitar os sentimentos nas decisões parlamentares, executivas e judiciárias e no seio da sociedade. Se o Direito não adentra na esfera íntima do ser humano, não deve estar coligado com paixões nem com elas se preocupar.

A preocupação do jurista, dizem, deve concentrar-se na norma posta. Entender a norma hipotética fundamental de Kelsen, vir para a Constituição e buscar o entrelaçamento sintático entre as normas e a semântica que as liga ao mundo real.

Pode-se analisar o Direito apenas como conjunto normativo, mas limitar-se a isso é perder a dimensão grandiosa do fenômeno jurídico. Ele está muito além do mero ordenamento das normas. É, como se disse, ao ser humano que elas destinam-se e sobre ele devem ser aplicadas. Logo, ignorar os sentimentos humanos é conhecer apenas uma parte do fenômeno jurídico. Compreender o ser humano em seus afetos é entendê-lo em toda sua extensão, não se limitando a ignorá-lo.

É mais fácil para todos dar de ombros a isso, porque não é simples enquadrar os sentimentos no mundo das normas. É que, após o Iluminismo, a razão sobrepôs-se aos afetos. Homens do mais alto nível sentiram a supremacia da razão que saía de sua menoridade (Kant, 2012). O Direito era autorreferenciado, independendo de qualquer ajuda para impor-se como construção autônoma.

Como diz Delphine Lanzara (2023, p. 14), "os juristas se interessam pouco pelos sentimentos porque eles parecem estranhos ao Direito. Os sentimentos parecem pertencer a outro mundo". Mas ela mesma diz: "se o Direito é feito para os homens, isso implica que os juristas mesmos têm sentimentos" (Lanzara, 2023, p. 16). Já Olympe Desio diz que "paixão e Direito, são duas noções que parecem estranhas, mas que neste aspecto não são separadas senão por um 'e'" (2023, p. 19).

Direito e emoções, paixões e sentimentos, como dizem alguns, estão umbilicalmente ligados. Sem a união dos conceitos, a compreensão fica manca. A norma é referencial importante para o Direito, porém não esgota sua análise.

AS PREVISÕES CONSTITUCIONAIS

A Constituição Federal prevê a formação de uma sociedade solidária (art. 3º, inciso I) com preservação da *dignidade humana* (art. 1º, inciso III). O Direito penal prevê o comportamento doloso, a eutanásia, o auxílio ao suicídio, protege a honra (arts. 138 e 145 do Código Penal); o tribunal do júri é amplo palco para o desfile de emoções, as circunstâncias agravantes contêm qualificadoras emotivas (art. 61 do Código Penal), o mesmo se dizendo das atenuantes (art. 65); o Direito civil estabelece casos de culpa e dolo, a ingratidão do donatário (arts. 555 e 557 do Código Civil), a fidelidade no casamento prevê o controle dos afetos (art. 1.566 do Código Civil); o Direito comercial sanciona a concorrência desleal; o comercial prevê o dever de fidelidade; o processual sanciona o comportamento malicioso; o internacional pressupõe respeito recíproco entre os Estados; no Direito financeiro há os conflitos para alocação de recursos em atendimento às populações mais carentes (devendo o agente público agir com solidariedade em relação aos necessitados).

Percebe-se que em diversos itens dos inúmeros ramos do Direito sempre há a previsão da ação movida por sentimentos. Pune-se sempre a conduta sub-reptícia, dolosa e criminosa, o que é o antípoda do comportamento previsto em lei como devido.

Terry A. Maroney (2021) discute, preliminarmente, a interpenetração das áreas. Emoções que se confundem com sentimentos, como alterações afetivas dos seres humanos, e o Direito visto como o complexo conjunto de normas que disciplina o comportamento.

O APOLÍNEO E O DIONISÍACO

Nietzsche foi quem melhor estudou o problema dos confrontos afetivos com a razão ao distinguir o *apolíneo e o dionisíaco*. Diz o autor:

> Ambos os impulsos, tão diversos, caminham lado a lado, na maioria das vezes em discórdia aberta e incitando-se mutuamente a produções sempre novas, para perpetuar nelas a luta daquela contraposição sobre a qual a palavra comum "arte" helênica, apareceram emparelhados um com o outro, e nesse aparelhamento tanto a obra de arte dionisíaca quanto a apolínea geraram a tragédia ática (Nietzsche, 1992, p. 27).

O dionisíaco é a embriaguez, o orgiástico, o pandemônio, o onírico, o bárbaro, o irracional; o apolíneo é a sobriedade, a retidão, a correção, o racional.

Para efeito de nosso trabalho podemos raciocinar com os seguintes parâmetros: o dionisíaco são as emoções, as paixões; o apolíneo, a razão.

AS PAIXÕES EM SHAKESPEARE

Como diz Shakespeare em *Hamlet*, "mostra-me um homem que não seja escravo de suas paixões e eu o colocarei no centro de meu coração". Todos somos seres frágeis. Em *Medida por medida*, Shakespeare fala, pela boca do Duque: "quando o vício é clemente, a clemência vai tão longe que agracia o ofensor por amor do pecado". Em *O mercador de Veneza*, Pórcia afirma que "o cérebro pode promulgar leis contra a paixão; porém uma natureza ardente salta por cima de um frio decreto". Posteriormente, Bassânio diz que, "em justiça, qual é a causa impura e corrupta a que uma voz persuasiva não possa, apresentando-a com habilidade, dissimular o odioso aspecto."? Pórcia afirma em outro tópico: "A clemência está acima da autoridade do cetro".

Lady Macbeth garante que, "para enganar o mundo, é preciso ser semelhante ao mundo. Traze as boas-vindas nos olhos, nas mãos, na língua e apresenta-as como uma flor de inocência, porém sê a serpente que se esconde debaixo dessa flor".

A literatura do maior de todos abre a senda para que iniciemos nossa caminhada na pesquisa entre as emoções e o Direito. Interessante estudo foi feito sobre as peças de Shakespeare em relação ao Direito (Yoshino, 2019). Isso se reflete na realidade e alcança inúmeros fenômenos do mundo empírico. Daí a importância de debruçar-se sobre os sentimentos para melhor compreensão do fenômeno jurídico. É o que passo a fazer.

AS PAIXÕES NA ÓPERA

A ópera é considerada a obra de arte total porque combina canto, dança, apresentação, mímica, música, história, pintura e escultura. O ódio de Isolda em face de Tristão tem o significado de amor (Wagner). Em *Turandot,* a princesa é glacial e revela o sentimento vingativo contra homens (Puccini). *Otelo* é enganado por Iago e assassina Desdêmona por ciúmes. *Aída,* escrava e rainha, busca Radamés, e ambos têm fim trágico. *Pagliacci,* de Leoncavallo, é de dramaticidade extrema, apresentando o palhaço que ri, mas contém mágoa e ódio internos. *Carmen,* de Bizet, é a paixão que se transforma em crime. *Eugene Oneguin,* de Tchaikovsky, assenta-se sobre a paixão e o ciúme que termina em duelo (Pushkin). *Madame*

Butterfly tem todo o sabor da prepotência e do amor enganado (Puccini). *Lucia de Lammermoor* (Puccini) encena o drama amoroso que termina na famosa ária da loucura.

Poderia mencionar outras tantas óperas com seus enredos apaixonados e transtornados, todos de representação dramática belíssima. Basta a menção a algumas para bem se ver como as emoções estão presentes em todos os lugares onde há o humano.

ALGUNS CONCEITOS

O ser humano é afetado a todo instante pelo mundo. É sujeito passivo de uma série de impactos externos (vindos do mundo) e internos (pela memória). A isso denomina-se *afecção*. Ele reage positiva ou negativamente. É a *emoção*. *É a reação* de forma *inconsciente*. Depois, explode seu *sentimento* (positivo – amor, carinho, solidariedade; negativo – ódio, ira, repulsa), que é *consciente*. É a ação despejada.

AS EMOÇÕES SÃO HUMANAS

É vão o discurso que afirma que o homem não é atingido por nenhuma paixão. Todos somos cordas de violino a serem tocadas por mãos hábeis ou inábeis. É que, como diz Ilaria Gaspari, *"les émotions que nous éprouvons nous rendent humains"*[1] (2023, p. 19).

Forçoso dizer o óbvio: as emoções são naturais aos seres humanos. Refletem-se em todos os momentos de nossas vidas, são inerentes à humanidade. Logo, espraiam-se pelo Direito.

---

1   Do francês, "as emoções que sentimos tornam-nos humanos".

A CÓLERA COMO FUNDAMENTO DE ALTERAÇÕES POLÍTICAS E SOCIAIS

Interessante o trabalho de Sophie Galabru (2022, p. 11) ao afirmar que a cólera não significa outra coisa senão a nossa reação contra o mundo *"injuste, violent, épouvantable"*.[2] Assevera que a humanidade só se define pela definição de pontos como liberdade, bom senso, coração, imaginação da vida dos outros, humanos e não humanos (2022).

E prossegue a autora: "a política significa o aparecimento de litígios entre seres desiguais em força, em meios e em direitos" (2022, p. 159). Ela analisa a cólera das mulheres por serem preteridas na sociedade (2022) e exemplifica com a revolta dos *gilets jaunes* (coletes amarelos) na França, em 2019-2020, contra a violência social. A Revolução Francesa é exemplo da exploração da burguesia, do clero e da aristocracia real sobre os *sans culottes*[3] (p. 182).

Ionesco, em sua peça *La colère*, estuda a cólera de um homem que encontra uma mosca em sua sopa e contamina muita gente. A cólera irrefletida propaga-se. Não foi o movimento de 2013 no Brasil uma manifestação de cólera contra o sistema? Não alterou aspectos de nossa situação jurídica?

AS EMOÇÕES MUDANDO O MUNDO

O rock é "subversivo, aquele que convulsiona a ordem estabelecida" (Hein, 2011, p. 31), e a ideia de que os artistas buscam levantar-se contra a sociedade dominante não tem nada de original. O autor

---

2   Do francês, "injusto, violento, aterrorizante".
3   Expressão francesa que significa "sem culotes". Durante a Revolução Francesa, *sans-culottes* referia-se aos membros do movimento popular e revolucionário que não usavam as *culottes*, calças longas e justas usadas pela classe aristocrática.

faz uma pesquisa detalhada sobre as letras do rock e sua intervenção política. Bono Vox disse que tinha dois instintos: um de se divertir, outro de mudar o mundo (Hein, 2011, p. 45). O grupo The Cure apontou o texto na música *Killing an arab*, inspirado na obra de Camus.

Xavier Manon, professor na Universidade de Perpignan, escreveu sobre a visão da justiça na obra de Bob Dylan (2011, p. 65-78) e garante que se deve procurar o Direito no rock, e não o inverso (p. 65), como em *Blowing in the wind, All along the watchtower, Knockin'on heaven's door* e outras centenas de letras e músicas que foram por ele compostas. Afirma o autor que "a justiça não é certamente o Direito, mas a reflexão sobre o Direito integra ou pode integrar, segundo a definição que se tem dele, a justiça", e que "a justiça é apreendida por Dylan como um fato social e este não é senão tanto como ela é vista em sua obra" (2011, p. 69). A obra de Dylan está prenhe de canções críticas à injustiça. A justiça é desenhada por meio da descrição da injustiça (2011, p. 69).

São as emoções sociais que movem Bob Dylan São os sentimentos mais profundos da detecção das injustiças que sustentam suas composições. Em *Hurricane*, ele critica a policial que busca por um culpado. O juiz do processo é parcial. A longa letra é bastante crítica do sistema repressivo. Emoções afloram a todo instante, assim como o preconceito étnico, quando afirma *"don't forget that you are white"*.[4]

O rock foi forte instrumento contra a guerra do Vietnã. Wanda Mastor (2011) descreveu o âmbito das emoções em torno da guerra no artigo *Les rockeurs et la guerre du Vietnam*.

Em suma, a vinculação entre a música de Bob Dylan – e de grande parte dos que lidaram com o rock – com o Direito resulta patente. Retrata as emoções dos compositores e cantores em face dos acontecimentos sociais, faz críticas duras ao sistema judiciário, às condenações descabidas, à parcialidade de juízes, aos preconceitos e ao sistema carcerário.

---

4   Do inglês, "não se esqueça de que você é branco".

A mitologia grega mencionada por Hesíodo (2008, p. 33) bem retrata as cinco raças (ou idades), desde a idade de ouro até a raça de ferro (dos homens), que não cessarão de labutar e penar, "nem à noite de se destruir". E comina afirmando que "o covarde ao mais viril lesará com tortas palavras falando e sobre elas jurará. A todos os homens miseráveis a inveja acompanhará" (2007, p. 35).

São os homens que assim procedem e sofrem com isso, por suas maledicências, maldades, ruindades, o que é próprio dos humanos. Essas emoções refletem-se no Direito.

AS EMOÇÕES LIGADAS AO DIREITO

Desnecessário dizer o que há de afetos na poesia, nos romances, na pintura, na escultura, na dança, no cinema e em todas as manifestações artísticas. Ora, o Direito é englobado por tudo isso, que é vida e move o ser humano em suas ações, infrações, descumprimento dos deveres e obrigações. Emoções e Direito interpenetram-se.

O Direito é permeado pela compaixão. Diz Caroline Huck (2011, p. 40) que o sistema normativo organiza relações interindividuais e sociais no seio de determinado grupo e repousa fundamentalmente no encontro de dois seres: *"Or, la reconnaissance d'une altérité repose sur la capacité du sujet à s'identifier à l'autre, à pouvoir partager émotions, idées et langage"*.[5]

Daí a necessidade de visualização do Direito ante as emoções para que os fenômenos jurídicos sejam bem compreendidos. Não apenas lidos ou conhecidos, mas enquadrados na realidade social.

É sobre isso que versa este texto.

---

5   Do francês, "o reconhecimento da alteridade baseia-se na capacidade do sujeito de identificar-se com o outro, de poder compartilhar emoções, ideias e linguagem".

01 O DIREITO. O SER HUMANO NO MUNDO

Desde a Antiguidade greco-romana, o Direito tem sido considerado como um conjunto de princípios e regras que disciplina o comportamento humano. Se fosse somente isso, outros regramentos seriam considerados Direito e confundidos com a lei (a ordem moral, por exemplo). O que se denomina Direito consiste em um ordenamento normativo que determina o que se pode e não se pode fazer, sob pena de sanção institucionalizada pelo descumprimento do comportamento previsto como obrigatório, proibido ou permitido.

Pode-se falar em norma boa ou má, de forma a garantir os direitos mais íntimos e sagrados do homem. Não se confunde o conceito de legalidade (obediência às leis) com o de legitimidade (conjunto de normas que garante o Estado de Direito pelo respeito à dignidade humana). A modernidade busca garantir a inviolabilidade dos denominados direitos humanos.

O que se busca é uma ideia de Direito que possa adaptar-se aos nossos tempos. Não há inovação, pois diversos autores têm a visão de que o Direito, como dimensão cultural, só pode ser analisado à luz dos sentimentos.

Entende-se homem como um ser repleto de sentimentos que vão do amor ao ódio. Ele nasce com um corpo e uma alma (que também se pode chamar de espírito ou mente). Para os espiritualistas, a alma é um ente etéreo que adere ao corpo e o anima. Para os materialistas, a alma restringe-se à mente, sem se constituir em entidade transcendente.

Verifica-se, então, que o ser humano partilha o mesmo mundo com outros. Para permitir a vida em comum é imprescindível a disciplina normativa. Ela torna possível a convivência, porque pune as condutas desviantes. Daí a imprescindível conexão entre Direito e paixão.

O homem não surge por graça e obra do criador. É o que é. Cada qual diferente do outro. A humanidade é desigual. Torná-la igual é irreal. Tratá-los de forma igual também não é real. Há que se reconhecer em cada qual as desigualdades de que é formado.

O *id* freudiano é um desconhecido que tem toda sorte de impulsos. Com a repressão nasce a civilização. Afirma Freud que talvez "possamos começar pela explicação de que o elemento de civilização entra em cena com a primeira tentativa de regular esses relacionamentos sociais" (1996, p. 101). Caso contrário, os relacionamentos ficariam submetidos à vontade arbitrária dos indivíduos.

Assim, "o poder dessa comunidade é, então, estabelecido como 'direito', em oposição ao indivíduo, condenado como 'força bruta'", e a substituição do indivíduo pela comunidade constitui "o passo decisivo da civilização" (1996, p. 101). A repressão recai sobre os impulsos para torná-los passíveis de convivência. O homem que cede aos seus sentimentos pode agredir a moral média, que é fruto, dizem, de consenso. Daí a repressão para que se enquadre nos padrões éticos vigentes.

Herbert Marcuse afirma que "a nossa civilização, em termos genéticos, está fundada na repressão dos instintos" (2009, p. 85).

A sublimação impõe a substituição do objeto do desejo por outro. Contenta-se o indivíduo com outra coisa.

Como não se consegue reprimir os impulsos por meio do controle interno do próprio ser humano, a sociedade o faz. Daí podem nascer o recalcado e o neurótico. Para o equilíbrio surgem códigos de valores. É a comparação com valores ideais que serve de contraste para o domínio dos humanos.

Se pensarmos o ser humano apenas como humano, tem ele a substância igual a tudo na Terra. Tudo é substância. Cada animal, cada vegetal ou as demais coisas têm sua substância. Assim, a evolução vai alterando-as, inclusive o homem. A natureza tem sua mudança constante e disforme. O mundo é o caos e prossegue com o caos. Cada coisa existe por si mesma.

O ser humano é tocado pelo mundo e toca-o a todo instante. São as afecções. Vive, pois, em constante interação e alteração. A cada minuto já não é mais o mesmo, como diria Heráclito, filósofo grego. Como veio ao mundo, tem que viver. Não pode renunciar à vida. Se acreditar em um mundo superior (da ideia, dos deuses ou de Deus), passa a vida em busca desse outro mundo e de fazer por merecê-lo. Daí ser obediente a padrões de comportamentos que lhe são ditados não por sua vida, mas pela vida dos outros. São as normas editadas pelas religiões ou pelo Estado que devem ser cumpridas.

Se preza a vida, busca manter-se vivo. É movido por seus apetites, seus desejos e suas vontades. É natural que o homem queira aquilo que mandaram seus sentimentos. O desejo é sua própria essência. Como não quer sofrer, busca o prazer. Quando passa frio, busca o calor. Quando quer ter as coisas, assume o consumismo (próprio dos dias atuais).

De qualquer maneira, se não assumir um mundo ideal (alguma religião), vê-se massacrado pela vida. Fica só (a vida dá-lhe náusea, diz Sartre). Então tem sentimentos contraditórios e sofre o pessimismo à maneira de Schopenhauer. É que o homem não consegue refrear os afetos, como afirma Spinoza (2009).

Busca o prazer e a felicidade. Sabe que vai morrer porque é a fatalidade. A cada dia morremos um pouco. Então o ser humano busca viver feliz (Albert Camus fez Sísifo sentir-se feliz mesmo padecendo o sofrimento de carregar uma pedra todos os dias).

É inarredável que o ser humano quer viver (sempre busca Eros, jamais Tânatos).

Como vive em comunidade, sabe que o Estado é quem deverá propiciar meios de subsistência a todos os demais seres humanos. O mínimo que pode desejar é segurança, saúde e condições mínimas de vida.

02 ESTADO E NATUREZA HUMANA

Diante de tal perspectiva (de sentir-se só, de ter desejos que ficam reprimidos, de eventualmente não crer na religião e num mundo pós-morte) é que o homem junta-se em sociedade. Não da maneira idealizada por Platão e Aristóteles, nem por um Deus criador, como disseram Agostinho e Tomás de Aquino, nem por força de um pacto, como sustentaram Hobbes, Rousseau e Locke.

Os primeiros entendem que a reunião em sociedade decorre da impossibilidade de realizar coisas sozinhos, assim os homens se unem por força da necessidade. Os segundos dizem que Deus é provedor e autoriza o Estado. Os demais sustentam que o pacto social não decorre do movimento anímico de todos em determinada ocasião e efetuam uma renúncia de sua natureza para conviverem em sociedade. O Estado não nasce de tal maneira e muito menos de inspiração teológica. Ao contrário, brota de conflitos, de conquistas, da guerra.

Não há uma ruptura do homem na natureza com o homem civilizado, como se um fosse o selvagem e por meio de um golpe estratégico de inteligência passasse a ser o civilizado. Ao contrário, as tribos de outrora eram guerreiras e submetiam as outras. Quem era mais forte vencia e impunha seu modo de vida. Nascem Estados, costumes, normas morais etc. Era a lei do mais forte. Daí Hobbes ter dito, seguindo o latino Plauto, que nasce "uma guerra de todos contra todos" (2000, p. 96), entendida como o homem é lobo do homem.

Assim, o Direito não é visto como conjunto de normas de liberdade, mas como instrumento de dominação. Marx dirá que é o instrumento da classe dominante. O poder, que no estado de natureza era o direito de matar, passa a ser o direito de se manter vivo. O poder, no estágio primário força bruta, passa a ser dominação disfarçada.

Em tal situação, o Estado não mais é decomposto em seus elementos (território, povo e governo), mas visto como governante, isto é, aquele que titulariza interesses dos outros. A conquista pode ter ocorrido na Idade Média ou em decorrência das Grandes Guerras, pela força que se materializa em tratados. Modernamente, o Estado significa o domínio do vencedor, que impõe suas regras, ou é a mera imposição da vontade do vencedor, ou a vontade dos fracos, que se organizam para dominar o mais forte. É o que se vê nas grandes comunidades de países que se organizam (União Europeia, Alca, Tigres Asiáticos, G7) para dominar ou resistir à força econômica dos outros (China, Mercosul, Estados Unidos, Brics).

O Direito passa a significar a maneira "civilizada" de regulamentar a guerra. Daí por que o Estado é o titular da violência, no dizer de Max Weber, exatamente por impor seus valores (aqueles que a classe dominante quer). A lei não é a expressão da vontade comum; é imposta à obediência de todos como concretização da não violência.

O homem em estado natural tem seus impulsos, como se viu, e a eles não renuncia. Simplesmente submete-se (*pactum subjectionis*[6]) ao mais forte, ou o mais forte sucumbe à união dos fracos.

---

6   Do latim, "pacto de sujeição".

Clausewitz afirmou que a guerra não passa da política continuada por outros meios.

A relação jurídica significa a relação de dominação-sujeição. Toda lei reflete essa relação, seja condominial, familiar, contratual, tributária, penal etc. Todo relacionamento é impositivo e prevê sanções para o descumprimento do preceito.

Como a população não deve sentir-se sujeita ou dominada fala-se em violência simbólica (Bourdieu, 2014), isto é, as pessoas podem votar, ser votadas, sujeitam-se ao salário-mínimo, recebem vencimentos incompatíveis, não têm saúde ou ensino de qualidade, mas pensam que serão satisfeitas e que seus filhos alcançarão tais bens. Vivem com liberdade (ainda que a sociedade não seja democrática), pensam que as instituições funcionam a contento, mas não têm uma sociedade democratizada e de pleno amparo aos seus anseios. Ficam na ilusão.

Ocorre que, se não se mantiverem como rebanho (Nietzsche, 2011), sofrerão repressão. Se começarem a fazer passeatas de reivindicação, sentirão o peso dos cassetetes. Se buscarem alterar a ordem política, serão reprimidas. Têm que se comportar.

Vê-se, pois, que a ordem é manter o rebanho unido por meio do Direito. Nesse sentido é que se pode dizer que o Direito é a dominação por intermédio de códigos de persuasão. Nem por outro motivo é que a política outra coisa não significa senão a captação da vontade por meio de signos (liberdade, honestidade, direitos humanos, igualdade etc.), ainda que eles nunca se realizem. Daí surge o poder.

03
O PODER, O DIREITO, O DINHEIRO E A ARTE. VISÕES SOBRE O OBJETO

O poder é alcançado por aqueles que têm a melhor estratégia (valores, códigos, mensagens midiáticas etc.) de conquista.

O estudo do Direito não pode ser mera repetição de lições vetustas, desconectadas da vida real, da vida vivida nas ruas ou descoberta nos bastidores. O Direito advém da vivência, das lutas, dos desencontros sociais, dos conflitos, das incompreensões, dos desacertos. Tudo isso é real. É como vive a sociedade. O Direito busca disciplinar tais dissensos.

O ser humano é reprimido e iludido pelo valor de sua posição social, de sua família, de sua segurança etc. É o homem que se deixa marcar na porteira com o ferro da igualdade para integrar o grande rebanho humano.

Em suma, o Direito formal é importante e deve ser estudado para compreender-se a estrutura do Estado e seu desenvolvimento, inclusive no Judiciário, que é o mais importante dos órgãos institucionais de repressão. No entanto não se pode olvidar que o Direito não é apenas a estrutura, mas a essência, isto é, a gênese da dominação dos instintos.

A guerra existe em todos os atos sociais e jurídicos. Assim, o Direito funciona como instrumento de dominação para manter subjugados homens e mulheres que não venceram a guerra. O vencedor impõe sua verdade (Nietzsche, 2009) e suas regras, bem como as sanções em caso de infração. As ideologias, nesse passo, são fortes modos de captação da vontade ou da sensibilidade das pessoas, servem de estratégias para obtenção do poder.

A lide que aí se instaura é questão de dominação (o professor sabe mais do que o aluno e, assim, domina-o). Michel Foucault ensinava que o problema é de estratégia, seja dos professores (que dominam por seu conhecimento repetitivo da doutrina e jurisprudência, ou dos códigos, ou da própria hierarquia institucional), seja dos alunos, que devem utilizar a mesma estratégia (a busca do saber e a união dos mais fracos para dominar o mais forte) para que o professor saia do texto e sinta a vida.

O homem busca a alegria em contato com o mundo. Este nem sempre é amigo. Por vezes, prepara decepções, dor, tristeza. O homem busca superar tais desencontros não pela fuga ou pela ilusão, mas pelo enfrentamento das tristezas, tornando intensa a vida.

O Direito está no mundo e as normas abstratas convertem-se em paixões. É o Direito vivido nas ruas, nos cárceres, nos laboratórios, na família, no comércio, nas discussões, no parlamento, no Executivo, no Judiciário. O Direito é tudo isso.

Da mesma forma, dessacralizou-se o mito para a introdução de outros "entes sagrados", quais sejam, dinheiro, cargos, mandatos, empresas, o poder, em suma. Eles é que comandam a sociedade. Como deixar seu estudo e todas as suas formas de lado? Não sob o aspecto da leitura dos contratos, dos tratados, do direito cambial, mas da estrutura de dominação que está por trás. O dinheiro comanda as grandes corrupções. Dinheiro e poder seduzem tudo e todos. Como desconhecer esses poderosos instrumentos na sociedade?

Observa-se que a paixão age fortemente (no sentido amplo da palavra em relação aos instintos) para imperar na análise do fato jurídico que enseja a incidência da norma, não apenas do ângulo da subsunção, mas quanto ao aspecto do que está hipostasiado no fato empírico.

O Direito, pois, não pode ser visto como mera forma. É guerra, dominação, poder e estratégia. Ele é regido pelas paixões humanas e de tal modo deve ser analisado.

As paixões são tomadas no amplo sentido de todos os sentimentos que invadem e dominam o ser humano ou estão nele. O ser humano tem estrutura maniqueísta. Vê perante si o *bem* e o *mal*. O bem nele reflete-se pelos bons sentimentos; o mal, pelos maus afetos.

O ser humano não é apenas racional. Não é a razão que nele decide nem é ela um centro controlador de todos os afetos que dentro dele lutam. Nele digladiam os sentimentos bons e maus. Na primeira ordem podemos identificar o amor, a solidariedade, a coragem, a temperança, a sobriedade etc. Na segunda, a ira, a inveja, o rancor, a cobiça etc.

Não podemos rotulá-los, como fizeram autores do passado, de doenças. Tais sentimentos são o que são, manifestam-se no interior do ser humano. Não são estranhos. Todos são afetos naturais.

Hobbes (2000, p. 47) dissertou sobre as emoções (capítulo VI de seu notável *Leviatã*) e afirmou:

> Os seres humanos desejam aquilo que amam e odeiam coisas pelas quais têm aversão. Assim, desejo e amor são a mesma coisa; só que, com desejo, significamos sempre a ausência do objeto; com amor, sua presença. Assim, também com a aversão significamos a ausência; com ódio, a presença do objeto.

O amor, principal sentimento do bem, desdobra-se em outros, como a solidariedade, a compreensão, a bondade, a comiseração etc. O amor é sempre em relação a outro. Por si próprio, ele é narcisismo. Tal afeto é sempre intersubjetivo.

O amor exacerbado converte-se em paixão (outro rótulo que significa a perda do bom senso e da modicidade). Esta, nesse sentido, é fulgurante e efêmera, explode em eflúvios de afetos e apaga-se com a mudança do humor.

O mal revela-se mediante diversos comportamentos. A ira é o desejo da vingança; o ódio, a insânia, a raiva, o medo, a avareza, a cobiça etc. são manifestações do mal. Podemos contrapor o amor ao ódio, o bom ao mau sentimento. Ambos têm suas variantes.

Para efeito deste estudo basta dizer que o homem não tem o controle de seus sentimentos. Podemos ficar na lição de Spinoza (2009), que entende existir o que rotula de *conatus*, isto é, a vontade de viver. Essa seria a essência do homem. Ele balança entre a *esperança* e o *medo*. A esperança é sentimento futuro de que nada de mau ocorrerá. O medo pode desdobrar-se em medo do futuro e do passado. O medo do passado assombra pela possível repetição do mal. O do futuro busca impedir que alguma coisa ruim aconteça. Entre os dois, o ser humano balança. A ação dependerá do que prevalecer no conflito interno dele.

Esses sentimentos surgem no Direito. No governo, quando da tomada de decisões, eles afloram. O governante decide com o sentimento de prejudicar ou de ajudar alguém, dependendo do momento, de rancores ou de alegrias passadas.

De igual maneira, os sentimentos explodem à vista do dinheiro. É o grande instrumento de atração e cobiça. Há luta silenciosa por sua posse. Há a ambição de tê-lo, o que leva a grandes divergências, conflitos, lutas e guerras. Ao lado do poder, o dinheiro é o "grande deus". Ele movimenta as emoções, atrapalha o raciocínio e torce a razão. Tais sentimentos concretizam-se também no campo da arte.

A proteção ao artista, a subvenção de sua arte, o auxílio para aquisição de materiais bem como para exposições e a própria compra das obras fazem parte do emotivo. Depois de o nome do artista estar consolidado e suas obras serem aferidas pelo mercado, já não haverá tanta margem de manobra para manipulação das compras. Antes, no entanto, tudo é possível. O patrocínio a um artista por parentesco com governantes ou mera simpatia pode levar não apenas à compra de obras, mas também de exposições.

Igualmente, servirá de criação de toda sorte de transtornos e prejuízos para a dignidade do artista. Perseguições, críticas duras na mídia por críticos vinculados ao governante, tudo pode ser deliberado em repúdio a alguém. Tarsila do Amaral foi criticada por Monteiro Lobato; Wilson Simonal, rejeitado pela classe artística.

O que se quer deixar claro é que os sentimentos, mais do que tudo, entram no relacionamento humano para o bem ou para o mal, seja na sociedade, seja no governo.

O homem é ser da natureza e da civilização. Sua implicação familiar, social e política surge ao longo da vida. Quando nasce, se não for alimentado e protegido, morre. Ao nascerem, os animais já estão prontos. Nada muda em sua natureza, salvo adaptações a ela própria, por diversidade de situações, como explicou Darwin (2009). O homem tem que ser feito dia a dia, no que Rousseau (2017) denominou de *perfectibilidade*.

Sem qualquer indagação sofisticada, basta a afirmação de que estamos em contato com o mundo. Este afeta-nos positiva ou negativamente. A todo instante recebemos afecções da natureza, das pessoas e do nosso interior. O primeiro contato é impactante. As afecções podem ser violentas ou calmas, e, dependendo de como nos afetam, reagimos.

As reações podem vir do corpo ou da mente. Estaria certo o dualismo de Descartes? O corpo reage aos fenômenos da natureza – calor, frio. A mente sofre os percalços sentimentais – ódio, amor.

3.1 VISÕES SOBRE O OBJETO

Erwin Panofsky (2014) esclarece que se pode experimentar esteticamente todo objeto. Quando se observa uma árvore do ponto de vista de um carpinteiro, ele ligá-la-á ao uso que possa dela fazer; um ornitólogo associá-la-á aos ninhos que poderão ser feitos; o ambientalista saberá de sua importância para o meio ambiente; o romântico olhá-la-á sob a sombra que ela propicia. Daí a afirmativa do autor de que "só aquele que se abandona simples e totalmente ao objeto de sua percepção poderá experimentá-lo esteticamente" (p. 30-31).

Pode-se sentir o mesmo ao considerar o Direito em face das emoções. Um verá o Direito limitado às normas, o positivismo; outro vê-lo-á como a própria árvore e tê-lo-á pelo Direito natural; muitos analisam-no do ângulo estritamente econômico-social e terão a concepção marxista; além disso pode ser estudado à luz da solidariedade. Duguit fala em direito individual, subjetivo e objetivo, direito social e outros aspectos (2011).

Vemos o Direito como um conjunto normativo, mas ao lado das normas há toda uma vida pulsante. É o ser humano, em toda sua nobreza, com seus defeitos, virtudes e emoções, que leva para o interior das relações humanas. É a norma movida pelas paixões e por elas impulsionada. Claro está que tudo passa por longa maturação ao correr do tempo, como se verá a seguir.

04 O PRIMEIRO RELACIONAMENTO COM O MUNDO. PLATÃO. ARISTÓTELES

O primeiro relacionamento com o mundo é a *sensação*. O ser humano é atingido pelo mundo que o contata a todo instante. Forma-se ao longo da vida. Sente o mundo e o retrata em reações. Em seu corpo processa as sensações e a elas reage. Teeteto diz que "aquele que conhece qualquer coisa, percebe o que conhece; e, como parece no momento, o conhecimento não passa de percepção" (Platão, 2007, 151e). Daí que o primeiro passo é o espanto ou a perplexidade (155d).

Sócrates, depois, reduz o conhecimento e diz que as coisas que parecem ao indivíduo não *são* como tal (158a). Platão faz Sócrates dizer que o conhecimento não está nas sensações, mas no raciocinar sobre elas (186d).

Sem prejuízo de entendermos a pesquisa bastante válida sobre o conhecimento, fiquemos no aspecto da sensação e das paixões.

É em *Fedro* (Platão, 2007) que Platão ingressa no estudo das realizações da alma (a análise estende-se no *Fédon* e n'*A república*). O ser humano tem dentro de si sentimentos colidentes. De um lado há o que se pode chamar de bom comportamento; de outro, o mau. O primeiro submete-se às convenções sociais e às leis; o outro processa-se ao arrepio delas.

4.1 AS TRÊS PARTES DA ALMA

Em *A República*, Platão (2006) descreve três partes da alma: a concupiscente, a irascível e a racional. A concupiscente é a mais baixa, constituída de desejos e necessidades. Localiza-se no ventre. A irascível está conectada com a vontade e localiza-se no peito, própria dos soldados, combatentes, e tem por significado a força. A racional busca conhecer as ideias, localiza-se na cabeça e busca a sabedoria.

4.2 O MITO DO AURIGA

Relatado por Platão, o mito do auriga dá bem a ideia do que se diz em relação ao conhecimento das paixões da alma. De um lado, um cavalo dócil; de outro, um animal incontrolável, rebelde. O cocheiro busca controlar as paixões que tornam difícil sua vida. É o conflito de sentimentos e afetos que existem no interior do sujeito e que a razão busca controlar.

Platão, enfim, busca o homem racional que se baseia no mundo das ideias ou das formas, a que apenas o filósofo tem acesso.

4.3 ARISTÓTELES

Aristóteles também se debruçou sobre o assunto. No entanto, enquanto Platão cuida do mundo transcendente, Aristóteles permanece no imanente. Ademais, Aristóteles estuda as reações emotivas em face da retórica. É na *Retórica* (Aristóteles, 2013) que o filósofo expõe sua teoria. Ele o faz analisando a relação orador/auditório, buscando à luz do discurso a reação nas pessoas, como elas reagem diante dos argumentos projetados pelo orador.

Para produzir a reação desejada, o orador precisa conhecer as paixões da plateia, que são: cólera, calma, amor, ódio, confiança, temor, vergonha, imprudência, favor, compaixão, indignação, inveja, emulação e desprezo.

Aristóteles analisa o jogo de captação da vontade do auditório. O que deve fazer o orador ao conhecer os sentimentos da plateia? Coloca-os ao seu favor, diz que "as paixões (emoções) são as causas das mudanças nos nossos julgamentos e são acompanhadas por dor ou prazer" (2013, p. 122).

Ainda, analisa, ao mesmo tempo, a retórica do legislar e do julgar, e afirma:

> É, portanto, sumamente conveniente que leis bem elaboradas definam por si sós, na medida do possível, todos os casos, deixando o mínimo possível para a decisão dos juízes. Há muitas razões para isso. Em primeiro lugar, encontrar uma única pessoa, ou algumas pessoas, que sejam sensatas e capazes de legislar e julgar é mais fácil do que encontrar muitas; em seguida, leis são elaboradas após prolongada consideração, enquanto as sentenças nos tribunais são proferidas imediatamente, o que dificulta aos juízes atender perfeitamente ao justo e ao útil (Aristóteles, 2013, p. 40).

Os gregos fazem-nos sentir o relacionamento do indivíduo com o mundo. Vejamos como as coisas seguem. Posteriormente, voltaremos a estudar os antigos.

05 SÃO TOMÁS DE AQUINO

Na *Suma Teológica*, Aquino faz longa dissertação sobre as paixões. Seguindo Aristóteles, sustenta a existências das três partes da alma: apetitiva, apreensiva e sensitiva. A primeira é o desejo; a segunda, a intelecção e a compreensão; a terceira, a sensação corpórea. "A paixão está na alma nos três sentidos" (2003, p. 304).

Nela, ele esclarece que há propriamente paixão "onde há transmutação do corpo" (p. 308) e que "as paixões da alma, enquanto contrárias à ordem da razão, inclinam para o pecado" (p. 322). O autor faz longa exposição sobre as paixões, entendendo-as como manifestações naturais da alma.

06 DESCARTES

Descartes estuda a alma e o corpo (dualismo) em relação às paixões, que define como "percepções, ou sentimentos, ou emoções da alma que referimos particularmente a ela e que são causadas, conservadas e fortalecidas por algum movimento dos espíritos" (2012, p. 42).

Descartes busca escrever sobre as paixões como se "ninguém antes de mim as tivesse tocado" (2012, p. 31) e analisa uma série de emoções, sem prejuízo de outras que possam surgir.

Seu pecado é separar os mundos, o das realidades e o transcendente, embora seja o filósofo iniciador da modernidade.

07 SPINOZA

Segundo Spinoza (2009, p. 97), "os que escreveram sobre os afetos e o modo de vida dos homens parecem, em sua maioria, ter tratado não de coisas naturais, que seguem as leis comuns da natureza, mas de coisas que estão fora dela"; "quero, agora, voltar àqueles que, em vez de compreender, preferem abominar ou ridicularizar os afetos e as ações dos homens".

Spinoza (2009, p. 9) compreende por afeto "as afecções do corpo, pelas quais sua potência de agir é aumentada ou diminuída, estimulada ou refreada, e, ao mesmo tempo, as ideias dessas afecções". Adotarei a terminologia e as definições dadas pelo autor holandês.

A primeira consequência disso é que "o corpo humano pode ser afetado de muitas maneiras, pelas quais sua potência de agir é aumentada ou diminuída, enquanto outras tantas não tornam sua potência de agir nem maior nem menor" (Spinoza, 2009, p. 99).

O autor não aceita a separação entre corpo e alma. Não a alma transcendental. O que existe é a *mente* (e não a *anima*). Não são duas substâncias diferentes. Espírito e corpo são uma mesma coisa. O corpo tem a mesma dignidade do espírito, e não é só o físico, mas aquele que recebe todas as afecções.

A *vontade é do espírito; o apetite*, do corpo.

Spinoza tem uma concepção de mundo que não é religiosa ou que atende a um ente superior. O mundo é deus e o deus é a natureza. Confundem-se e são a mesma coisa. Um deus à semelhança do homem foi inventado pelo homem. Seria constituído por corpo e mente e sujeito às paixões. Deus não é corpo nem mente. É a própria natureza. Em tal concepção, é causa primeira e causa eficiente. O filósofo poderia ter usado outra palavra, e não *deus*. Teria evitado confusões.

Há duas naturezas: natureza naturante – o que existe em si mesmo e por si mesmo é concebido – e natureza naturada – o que segue da necessidade da natureza de Deus, ou seja, cada um dos atributos de Deus.

Deus não foi concebido por ninguém nem concebe qualquer coisa. Simplesmente, Deus é substância eterna e vivida. Ele não tem vontade nem finalidade. É o que é.

Ele não dirige o destino de ninguém, não intervém em nenhuma situação. Esta se resolve por si só.

O corpo não determina a mente nem a mente é determinada por ele.

O *conatus é a potência de agir. É o desejo, própria essência do homem.*

Para Platão, o desejo é a falta; para os estoicos, o desejo é afeto indiferente; para os ascetas é o desejo arrefecido. Para Spinoza (2009), o desejo é a força.

Como os afetos agem em nós, não podemos controlá-los. Daí a *servidão* a que estamos submetidos. É "a impotência humana para regular e refrear os afetos" (Spinoza, 2099, p. 155). O homem submetido a afetos não está no comando de seus comportamentos e, muitas vezes, é "forçado, ainda que perceba o que é o melhor para si, a fazer, entretanto, o pior" (Spinoza, 2009, p. 155).

Para Spinoza não há conflito entre razão e afeto, mas entre passividade e atividade. "Nós não desejamos alguma coisa porque nós julgamos que ela é boa, mas, ao contrário, nós chamamos bom o que nós desejamos" (Spinoza, 2009, p. 177).

Por isso, o homem não mantém o controle de si próprio, é movido pelos afetos. São naturais. O *conatus* é a força de superação dos obstáculos.

Ainda que Spinoza identifique todos os afetos conhecidos e defina-os, não faremos a transcrição de toda sua lição. Ficaremos no que ele chama de essência do homem, que é o desejo, e em alguns afetos essenciais.

Desejo "é a própria essência do homem, enquanto esta é concebida como determinada, em virtude de uma dada afecção qualquer de si própria, a agir de alguma maneira" (Spinoza, 2009, p. 140).

Há dois sentimentos que são principais e fundamentais: *alegria* – "passagem do homem de uma perfeição menor para uma maior" – e *tristeza* – "passagem do homem de uma perfeição maior para uma menor" (Spinoza, 2009, p. 141). A alegria é o aumento de nossa força; a tristeza, sua diminuição.

Outros sentimentos aumentam ou diminuem nossa força por ideia de causa exterior (o encontro amoroso aumenta, não em decorrência da pessoa, mas da ideia que dela se tem; um encontro com desafeto diminui a potência em decorrência da ideia que se tem dele).

Diversamente dos sentimentos, afetos e desejos, existe, no Direito, o mundo normativo. A saber, comandos legislativos colhidos dos comportamentos da sociedade e trazidos para o mundo das normas. A norma reprime-os.

Esse mundo não é indiferente aos afetos. Sente igualmente seu impacto.

08 SARTRE

Sartre (2009) tem uma visão diversa. Ele não analisa os afetos específicos. Afasta o estudo dos fatos que fazem eclodir uma emoção e busca a fenomenologia, a saber, não é o fato, mas o significado que ele tem em determinado contexto. Ainda, afasta o estudo psicanalítico e o clássico. A emoção "é uma transformação do mundo" (Sartre, 2009, p. 63). Há o estado de consciência, que deve estar no fato significante. É o ser que está recebendo afecções do mundo.

O indivíduo relaciona-se a todo instante com o mundo e com os outros. O evolver fático alcança-o a cada momento. O movimento dos astros muda o bom estado da alma. As alterações climáticas fazem o mesmo. Chuva ou sol atingem de forma diferente as pessoas. Mas ao lado de fenômenos exógenos, da mesma forma o convívio com outras pessoas provoca-nos.

Mutações diárias no relacionamento humano alteram o *bom humor* das pessoas. A família, a escola, o trabalho, os amigos, tudo envolve um confronto de sentimentos e troca de mensagens. O homem é, pois, atingido por significações de causas externas, do mundo e das pessoas, e por sentimentos pessoais dos que lhe são próximos ou não.

Cada um de nós, em nossa vivência pessoal, seja com familiares, seja no interior das escolas, no trabalho, em todo e qualquer lugar, somos atingidos por humores diversos. Seja no dia a dia, seja por situações excepcionais ou ocasionais, tudo nos invade.

Por vezes há dores corporais ou doenças que podem alterar nosso comportamento. Em outras são complicações internas que dependem de nossa maior ou menor sensibilidade. Um pensamento sobre uma ação do passado pode incomodar-nos. Uma recordação triste ou alegre pode atingir-nos de forma positiva ou negativa.

Sartre separa as *reações* do nosso corpo e da nossa mente em duas: corporais ou mentais. Uma canelada em um jogo de futebol provoca-nos dor, mas podemos não nos incomodar com isso, ou de tal pancada pode resultar um sentimento avesso ao jogador que nos atingiu. Um recado apaixonado pode provocar uma reação positiva.

Preferimos falar, então, em *reações às afecções*, e não em *emoções*.

09 EDGAR MORIN

Somos afetados a todo instante por causas internas e externas, corporais ou mentais. Ninguém vive sozinho e por isso é afetado a todo momento. Edgar Morin (1999, p. 25) cuida do *pensamento complexo* e afirma que

> [...] nenhum ser vivo pode viver sem seu ecossistema, sem seu meio ambiente. Isso quer dizer que não podemos compreender alguma coisa autônoma, senão compreendendo aquilo de que ela é dependente. O que determina também uma revolução no pensamento, pois o conhecimento ideal implica fechar inteiramente um objeto e pesquisá-lo exaustivamente. Isso ainda é o ideal das teses de doutorado, que, em geral, são tão estéreis por essa razão.

Constituímo-nos, pois, em um centro de convergência de todas as ações e reações, físicas e mentais. Daí é sensato que possamos estudar as emoções (paixões) sob a óptica das *reações* e não mais das *afecções*. O mundo afeta-nos e a ele reagimos de diversas maneiras.

Podemos reagir de forma positiva (alegria) ou negativa (tristeza). Ressalte-se que o que vale é o *impacto* (espanto), ou seja, é a forma como o mundo nos atinge. Seria inicialmente a sensibilidade? Podemos dizer isso para o início do conhecimento, não para a teoria das reações. O conhecimento inicia-se com o sensível, isto é, alguém é tocado por meio dos sentidos e tem-se o que se denomina de conhecimento *empírico*; posteriormente há o processamento da informação recebida que é levada à mente. Aí surge o *conhecimento racional (mental)*.

Para a compreensão dos problemas podemos raciocinar como Morin (1999) e aceitar o pensamento complexo, não para as reações que dele não necessitam. São as *reações primitivas*. A partir delas podemos identificar outras, secundárias. O amor, por exemplo, é uma reação secundária e positiva que nos traz alegria. O ódio também é reação secundária, mas negativa, que nos traz tristeza.

O amor significa prazer (o ódio traz-nos dor, contudo também pode nos trazer prazer quando satisfazemos a vingança que nele está contida), ou seja, aumenta nossa potência de estar no mundo. As *reações positivas* afetam-nos positivamente, trazendo-nos alegria e prazer. O ódio nos traz dor e tristeza.

O amor vem calcado em *desejo*. Este pode conter reação positiva ou negativa. Desejo é falta de alguma coisa. Satisfeito, esgota-se e faz surgir novo objeto de novo desejo, que, igualmente, quando satisfeito, exaure-se. O desejo sexual, por exemplo, desperta no ser apaixonado inúmeras reações. Ao deparar-se com o objeto amado, a potência aumenta e atinge seu ápice com o orgasmo. O objeto do desejo deixa de existir (como objeto de desejo). Pode até se repetir depois, mas, de imediato, há reação negativa.

Façamos, vistos alguns autores, uma imersão no mundo exclusivo das normas.

10 O MUNDO DAS NORMAS. O POSITIVISMO. ORDENAMENTO, NORMAS E SANÇÕES

Hans Kelsen (1974, p. 17) inicia sua *Teoria pura do Direito* afirmando que

> [...] a teoria pura do Direito é uma teoria do Direito positivo – do Direito positivo em geral, não de uma ordem jurídica especial. É a teoria geral do Direito, não interpretação de particulares normas jurídicas, nacionais e internacionais. Contudo fornece uma teoria da interpretação.

Ela busca expungir do âmbito do Direito tudo que lhe é estranho. Sua essência é a norma. Indaga: o que é o Direito? A epistemologia preocupa-se em indagar qual é o objeto do Direito. É ciência que deve ser purificada da influência de toda e qualquer coisa que lhe for estranha.

Distingue dois elementos: "[...] um ato que se realiza no espaço e no tempo, sensorialmente perceptível, ou uma série de tais atos, uma manifestação externa da conduta humana; segundo, a sua significação jurídica, isto é, a significação que o ato tem do ponto de vista do Direito" (Kelsen, 1974, p. 18).

O autor acompanha Immanuel Kant, que sempre buscou o raciocínio *a priori*, isto é, que decorre apenas do raciocínio metafísico (na terminologia kantiana, sem fazer apelo a outro mundo, mas apenas à razão) e transcendental (também em sua terminologia, sem confundir-se com transcendente) e "têm que ser originados de bases *a priori* para que tenham validade universal no sentido estrito" (Kant, 2008, p. 57).

Norberto Bobbio (1995, p. 135) diz que "o positivismo jurídico nasce do esforço de transformar o estudo do Direito numa verdadeira e adequada *ciência* que tivesse as mesmas características das ciências físico-matemáticas, naturais e sociais". Ainda, ele nota que o caráter de ciência exclui do próprio âmbito os juízos de valor (Bobbio, 1995) e afirma que "as normas jurídicas não passam de uma parte da experiência jurídica" (2014, p. 27).

A partir de um ângulo formal, o Direito positivo define o positivismo, isto é, o conjunto das normas que disciplina a conduta humana, e estabelece sanções em face de seu descumprimento.

O Direito que contém *a unidade do sistema* decorre de um fundamento superior (a Constituição) como critério de validade – a norma fundamental. De outro lado, o sistema é completo, "exaustivo da realidade social subjacente" (Vilanova, 1977, p. 151), e esquematiza o fático (Vilanova, 1977) e o traz para o mundo jurídico.

Restringe-se o Direito ao ângulo normativo? O Estado detém o monopólio da produção legal. É a capacidade de editar normas de conduta válidas para a totalidade dos membros da comunidade e fazê-las respeitar. Bobbio (1950) propõe uma visão *institucional*.

Ter um direito significa poder exercer certa ação, segundo critérios de valoração.

Importante indagar se a norma é justa, válida e eficaz. O critério de justiça responde à valoração da sociedade em determinado momento histórico. O da validade significa saber se a norma existe e se dela dimana determinada regra jurídica. Necessário saber: a) a norma proveio de autoridade legítima?; b) não está revogada?; c) não é incompatível com outra norma? A eficácia indaga se a norma é seguida e, se violada, pode ser imposta.

Saber se a norma é justa impõe a *deontologia*. A validade responde à *ontologia*. A eficácia sugere a *fenomenologia*. *São aspectos do Direito*. A norma pode ser justa sem ser válida; válida sem ser justa. Válida e ineficaz. Eficaz sem validade. Justa sem eficácia e, por fim, ser eficaz sem ser justa.

Pode-se falar em Direito natural? Estado de natureza (Hobbes e Locke). Há duas posições. A de que o Direito natural é o que decorre da norma justa e a de que o Direito natural é o Direito embrutecido (das origens primitivas).

O Direito natural permite apurar o que é justo e o que é injusto? O Direito não é apenas o que é justo. É que a norma, como se viu, pode ser válida e eficaz e ser injusta. Nem por isso é Direito legítimo.

Teoria oposta é a que reduz o problema da justiça à validade. Para o jusnaturalista, uma norma "*non è valida si non è giusta*" (Bobbio, 1958, p. 55). Para o positivismo, a norma é justa se válida (Bobbio, 1958).

Kelsen não reduz o caráter do Direito à norma válida. O Direito válido pode não ser justo. O problema da justiça é ético e, pois, distinto do problema da validade.

Kant propõe o Direito como *relação jurídica* (*Doutrina do Direito*). Direito é "o conjunto das condições por meio das quais o arbítrio de um pode acordar-se com o arbítrio de outro segundo uma lei universal de liberdade" (Kant, 2008).

"Entenda-se que o estudo formal das normas jurídicas que aqui se desenvolve não exclui absolutamente outros modos de considerar o Direito" (Bobbio, 1958, p. 72). O formalismo entende o Direito somente como forma. O formalismo ético afirma que o que é justo é conforme a lei. O formalismo jurídico prevê o modo de ação para alcançar objetivos. Apenas a forma no confronto dos arbítrios. E há o formalismo científico, que é tarefa meramente declarativa.

O Direito formal vale-se de terminologia própria a identificar diversos momentos de sua criação e sua aplicação. Identifiquemos os termos:

Proposição – conjunto de palavras que têm significado. Juízo – junção de sujeito e predicado. Enunciado – forma gramatical e linguística por meio do qual o significado é expresso. A descrição informa, a expressão afeta os sentidos e a prescrição modifica o comportamento. A descrição pode ser verdadeira ou falsa. A prescrição não.

Força vinculante da proposição prescritiva – o imperativo é obrigatório. Gera obrigação à pessoa a quem se dirige. Difere da proposição de conselho. Há órgãos consultivos. Somente recomendam, aconselham. Exemplo: parecer.

10.1 SANÇÃO

"A sanção pressupõe a violação da regra" (Bobbio, 1958, p. 188). "Podemos definir brevemente a sanção como 'resposta à violação'" (p. 188). Não há norma jurídica sem sanção. Caso contrário, não está no mundo jurídico. Como disseram Freud e Marcuse, a civilização começa com a repressão dos instintos. Logo, pressupõe que, revelado o instinto e se for agressor do que se convencionou dispor em normas jurídicas, o comportamento sofre repulsa. A ordem jurídica assim estabelece.

A reação pode ser mais ou menos severa dependendo do grau de agressão ao ordenamento. Quanto mais as emoções forem violentas e agressoras, maior será a reprimenda prevista em lei.

Percebe-se, em consequência, que o mundo jurídico reprime os comportamentos desviantes. Se a emoção é positiva, é acolhida; se negativa e infratora dos deveres previstos, é repelida. Há, pois, o jogo normativo juntamente ao jogo emotivo. À infração corresponde uma sanção. Sua densidade depende da gravidade do ilícito cometido.

Há a sanção *moral* – a sanção é interior (consequência desagradável da violação). A sanção *social* é externa, da sociedade. Critérios: a) para toda violação de uma regra primária é estabelecida a respectiva sanção; b) estabelece-se a medida da sanção; c) há pessoas encarregadas de aplicar a sanção.

As normas podem ser: a) formais – concretas e individuais. Esgotam seu conteúdo em uma só ação e têm apenas um (ou alguns) destinatário; b) materiais – abstratas e genéricas. Abstratas – uma ação-tipo. Gerais – classe de pessoas.

Podemos dizer que o ordenamento é uma pluralidade, um conjunto de normas, e constitui uma unidade hierarquicamente composta, completa e desprovida de antinomias. "A unidade de um sistema de normas é decorrente de um superior fundamento de validade desse sistema – a Constituição positiva, ou, em nível epistemológico, a Constituição em sentido lógico-jurídico, ou seja, a norma fundamental" (Vilanova, 2014, p. 122).

Hierarquia – as normas compõem-se em graus. O maior é a Constituição, a que todas as normas devem sujeição de forma e conteúdo. As que vêm abaixo dela são leis complementares ou ordinárias, que devem amoldar-se a ela em forma e conteúdo. Seguem-se atos inferiores (decretos, sentenças, regulamentos, contratos etc.), que devem sujeição às leis. Os atos *executivos*, ou seja, de aplicação das leis, são inferiores.

Bobbio define o que entende por sistema: "Uma totalidade ordenada, isto é, um conjunto de entes, entre os quais existe uma certa ordem" (1950, p. 69). Deve haver coerência e regras de eliminação das antinomias.

Se as normas são contraditórias, "*tertius non datur*".[7] Uma é eliminada.

Por completude, entende-se "*la proprietà per cui un ordinamento giuridico ha una norma per regolare qualsiasi caso*"[8] (Bobbio, 1950, p. 125).

Surge o problema das lacunas. O ordenamento é composto de normas deônticas. Contém obrigações, proibições e permissões. Duas normas não podem ter a mesma validade para disciplinar a mesma situação jurídica de uma forma e de outra. Nem tudo do ordenamento jurídico pode estar contido no sistema normativo.

Segundo Lourival Vilanova (1977, p. 51), "o dever-ser transparece no verbo ser acompanhado do adjetivo participial: 'está obrigado', 'está facultado ou permitido' e 'está proibido'".

A completude sintática decorre do bastante-em-si do sistema. A completude semântica é propriedade relacional que tem como modelo a realidade social.

O "*non liquet*"[9] – aquele que tem o dever de completar o sistema – não pode deixar de fazê-lo, nem na dificuldade da interpretação, nem na ausência de norma específica. Os mecanismos são: a) analogia, que decorre da aplicação de casos análogos ou similares; b) interpretação extensiva, que significa aplicar um caso regulado a caso não regulado.

Essas seriam as propriedades formais de um sistema normativo. O problema que se coloca em seguida é se o Direito reduz-se à

---

7   Do latim, "terceiro não é dado".
8   Do italiano, "a propriedade pela qual um ordenamento jurídico tem uma norma para regular qualquer caso".
9   Do latim, "não está claro".

mera forma ou não. Essa indagação tem sido constante na cabeça dos juristas e de todos os interessados em resolver o problema da incidência da norma no comportamento das pessoas.

As informações trazidas sobre o *mundo do Direito* são importantes para indagarmos até que ponto ele entrelaça-se com as paixões e de que forma elas influenciam não apenas a criação, mas a aplicação do Direito.

Esse é o mundo do Direito positivo. Vê-se que há uma formalização rigorosa no entrelaçamento das normas entre elas e com o mundo empírico. Devemos voltar ao mundo dos afetos para saber que não são as normas que nos dirigem, mas, fundamentalmente, as afecções que recebemos do mundo que nos toca e de como tocamos o mundo.

10.2 A LINGUAGEM. SINAIS. SÍMBOLOS. AS PALAVRAS VAGAS

O homem integra um universo simbólico. Linguagem, mito, arte e religião fazem parte dele. Ao lado da linguagem conceitual há a emocional. Segundo Ernst Cassirer (2005, p. 58), "sinais e símbolos pertencem a dois universos diferentes de discurso: um faz parte do mundo físico do ser; um símbolo é parte do mundo humano do significado. Os sinais são operadores, e os símbolos são designadores".

Linguagem e pensamento são inseparáveis. Ninguém pensa sem linguagem. Ela expressa o pensamento e é relacional. No mais das vezes, é metafórica. Na dificuldade de transmitir as coisas diretamente, a linguagem vale-se de termos ambíguos e equívocos (Cassirer, 2005).

A linguagem jurídica capta do mundo fenomênico o que lhe interessa (por meio de normas) e o traz para o universo jurídico, o qual estabelece comportamentos obrigatórios, proibidos ou permitidos, dando-lhes consequência e estabelecendo sanções na hipótese de comportamento contrário ao estabelecido, e ingressa no mundo cultural dos relacionamentos. A linguagem é, assim, essencial para a compreensão entre os seres humanos.

O mundo normativo traz do mundo empírico os fenômenos que pela norma são captados pela subsunção. Ocorre que o universo fático é infinitamente mais amplo do que o jurídico e "compreende-se que nem tudo desse universo poderá estar como termo-de-referência do sistema normativo" (Vilanova, 2014, p. 149).

Daí surge o problema das palavras vagas. O Direito vale-se da linguagem para transmitir os modais deônticos (é proibido, é obrigatório, é permitido e outra hipótese não se dá). Em consequência, existe a norma geral negativa (Vilanova, 2014), o que não permite a abrangência desejada. Daí, restam comportamentos genéricos de previsão dos demais comportamentos.

Segue-se que os conceitos teoréticos são absolutamente específicos e inadmitem outra interpretação. Por exemplo, maioridade aposentadoria compulsória aos 75 anos. De outro lado, existem os conceitos práticos ou vagos. Estes devem ser interpretados para sua aplicação. Mais do que nunca servem à interferência das paixões.

Se os conceitos são teoréticos ou precisos não há margem para sentimentos. Mas o normal da norma jurídica é o conceito indeterminado ou vago, o que permite o avanço das emoções em toda a sua dimensão. Como diz Genaro R. Carrió (1973, p. 49), *"el orden jurídico no es un sistema cerrado o finito, sino un 'sistema abierto'"*.[10]

Sendo a ordem jurídica aberta, as palavras necessitam de interpretação, o que a torna campo para a entrada das paixões. A interpretação não é racional. Ela vem recheada, entremeada de paixões.

---

10 Do espanhol, "o ordenamento jurídico não é um sistema fechado ou finito, mas um 'sistema aberto'".

O ser humano, ao agir, ainda que com base em norma jurídica, vê-se tomado pelos sentimentos. É difícil não aceitar que eles ingressam no mundo jurídico e modificam-no ao longo do tempo.

Ocorre que não é só na hipótese de norma aberta que entram as emoções. Há previsão expressa delas em todos os ramos do Direito. Não apenas quando a norma utiliza-se de palavras vagas, mas em sua aplicação. Tudo que depender de decisão humana (e é com isso que se trabalha) é emotivo.

11 O MUNDO HOJE E A SOCIEDADE MODERNA

A sociedade enfrenta inúmeras dificuldades e está em plena transformação. São vários os setores que já não respondem às necessidades pelas quais ela passa. Façamos análise de algumas situações que sofrem grandes transformações.

11.1 A MULHER

A mulher descobre que o corpo lhe pertence. Até poucos anos atrás, o homem era dono do corpo dele e mandava no da mulher. Ela devia ficar em casa (foi assim na Antiguidade greco-romana, na Idade Média e nos tempos modernos), não frequentava a ágora nem tinha cidadania romana, e na Idade Média seu corpo pertencia ao rei ou aos barões. Na Idade Moderna, algumas se sobressaem, mas não se preocupam com as demais nem postulam dar-lhes dignidade na sociedade.

No mundo contemporâneo, a primeira luta foi pela participação eleitoral para que tivesse voz. Depois, o reconhecimento de inúmeros direitos – trabalhar, frequentar os lugares que quer, discutir os assuntos de seu interesse, ter emprego regular, ocupar posições de destaque nas empresas, cargos públicos, mandatos eletivos. Enfim, ver-se reconhecida como ser humano igual ao homem em direitos (não biologicamente).

Hoje, a mulher assume seu papel na sociedade (Oliveira, 2020) e tem direitos iguais. "Enfim, muito caminho já se andou, mas há muitos passos ainda a dar e veredas a percorrer para se chegar a uma grande avenida de igualdade" (p. 217).

11.2 O GÊNERO

O sexo altera-se para que se reconheça o gênero. Sexo são dois, biológicos. Os gêneros são inúmeros e atendem pela sigla LGBTQIA+. É a explosão da sexualidade sem culpa. É o assumir situações e posições na sociedade. A homossexualidade é reconhecida pelas Cortes judiciais em relação a efeitos jurídicos (Oliveira, 2011).

O livro termina com uma invocação:

> Ninguém é uma ilha. Todos vivem e convivem com todos. Religiões que devem se respeitar. Pessoas que são diferentes umas das outras. Pluralidade de orientações filosóficas, políticas e de credo religioso. Cada qual tem seu espaço neste mundo. Ele é muito grande para aceitar todas as diversidades e muito pequeno para acatar preconceitos (Oliveira, 2011, p. 281).

E na conclusão: "A busca pela felicidade há de ser o instinto maior do ser humano" (Oliveira, 2011, p. 282).

11.3 A ETNIA

A cor da pele deixa de ser importante. Durante séculos os negros foram subordinados e escravizados. Castro Alves dignificou sua situação de liberdade ao cantar em versos sua situação de escravos. Estupros, violência, a chibata, o açoite, a humilhação foram comportamentos brancos durante muito tempo.

A melanina é apenas uma proteína, principal responsável por colorir a pele. É só isso. Não muda o caráter, não torna piores os que a têm mais. Não serve para distinguir bons dos maus. É apenas uma questão de coloração. Nada mais. Todos os seres humanos são iguais pela natureza. A sociedade é que os distancia e cria preconceitos.

11.4 A FAMÍLIA

O conceito de família tradicional, patriarcal e heterossexual ainda existe, mas passa por alterações radicais. É reconhecida como pai e mãe unidos por matrimônio e com seus filhos. Hoje, são bastante comuns a família e o casamento homossexual. Adoção de filhos é admitida. Casais desfilam sem esconder seu amor e suas relações.

A família pode ser monoparental (um só progenitor), anaparental (sem genitores), informal (união estável), reconstituída (um novo matrimônio com filhos), homoafetiva, inclusive com filhos. Sofre o conceito tradicional radical mudança, passando a conviver com diversos tipos de ligações afetivas.

11.5 GUERRAS E MUDANÇAS

As guerras (o homem lobo do homem) continuam e atingem boa parte da humanidade. Vê-se que o mundo passa por alterações profundas em seu modo de viver, de ver as coisas, de assimilação de pessoas. Por consequência, o Direito deve acompanhar as alterações ocorridas, sob pena de não as alcançar com as previsões normativas.

A ligação dessas situações dá o retrato do nosso Estado em mudança. Se falarmos de indígenas, teremos a complexa alteração de nossa sociedade. Muda por força das emoções, que se alteram ao longo dos anos, como já se afirmou.

Como disse a cantora Mercedes Sosa, *"el mundo cambia"*[11] e muda muito rapidamente, de forma a que nos envolvamos em novas perspectivas de conhecimento. Daí a ligação que ora se faz entre o Direito e as emoções. Para isso, contamos com os novos passos da neurociência.

As guerras de hoje, como Rússia e Ucrânia, Israel e Hamas, ao lado de rusgas fronteiriças, dão bem o sinal das paixões violentas. Retratado o mundo de hoje, vejamos como os seres humanos têm reagido para dar platitude às relações humanas e serem compreensíveis.

O mundo sempre viveu no meio de lutas, conflitos e guerras. A Grécia, especialmente Esparta, era guerreira e lutou contra o mundo então conhecido. Roma dominou o "mundo". Alexandre Magno conquistou quase tudo. Houve as cruzadas contra os muçulmanos. Os reis e os imperadores da Idade Média viviam em conflito. Os grandes impérios seguiram-se. A época moderna viveu duas Grandes Guerras mundiais. Ainda hoje o mundo é assaltado com conflitos localizados (Rússia versus Ucrânia, Israel contra o Hamas, Estados Unidos versus Vietnã, Rússia e Estados Unidos,

---

11   Do espanhol, "o mundo muda".

na sequência contra o Afeganistão). Tudo fruto da ganância pelo poder e pela riqueza. O petróleo move o coração de muita gente, como a Rota da Seda moveu as especiarias, as conquistas do Novo Mundo, a exploração colonial. Enfim, o homem manifesta, a todo instante, e o fez durante os séculos, sua ganância pelo dinheiro. O controle do mundo é o que move as grandes potências.

O homem não deixou, em nenhum momento, de ser o lobo do homem. Prossegue sua sina. Isso necessita uma análise interior do homem e é objeto da neurociência atual, como continua sendo objeto da psicologia e da psicanálise.

12. A NEUROCIÊNCIA E ANTÔNIO DAMÁSIO. A HOMEOSTASIA

Antônio Damásio estuda os afetos e esclarece: "estimo que os sentimentos impulsionam, avaliam, negociam nossas atividades e nossas produções culturais, e que seu trabalho não foi até aqui reconhecido em seu justo valor" (Damásio, 2017, p. 11-12).

Em verdade, o homem é puro afeto. Diariamente, entra em contato com o mundo em todas suas dimensões – animal, vegetal e humana –, afeta e é afetado por ele. A todo instante. A cada minuto.

Diz Damásio que "a atividade cultural começou com a percepção das emoções e a elas permanece ancorada" e que "a interação (favorável e desfavorável) dos sentimentos e da razão deve ser levada em conta, sem o que nos será impossível compreender os conflitos e as contradições que são o coração da condição humana" (2017, p. 14).

A palavra-chave para isso é *homeostasia. É o processo de regulação pelo qual o organismo mantém constante seu equilíbrio. Refere-se ao conjunto fundamental das operações que estão no coração da vida, desde sua emergência na bioquímica primitiva (desde muito tempo desaparecida) até nossos dias.* "Homeostasia é o imperativo forte, não refletido e silencioso que garante a persistência e o predomínio de todos os organismos vivos" (Damásio, 2017, p. 40).

O autor também diz: "Homeostasia é a capacidade comum a todos os organismos vivos de manter – permanentemente e de maneira automática – suas operações funcionais numa opção de valores compatíveis com a sobrevivência" (Damásio, 2017, p. 70).

A fabricação de imagens é fruto dos dispositivos nervosos. Depois, as traduzimos pela linguagem. Grande parte de tudo localiza-se no hipocampo.

O aspecto do espírito que domina nossa existência está relacionado com o mundo ao nosso redor, presente ou rememorado. Há um mundo mental que explode em *sentimentos*. "Os sentimentos acompanham o desenvolver da vida em nosso organismo, sejam percebidos, apreendidos, rememorados, imaginados, racionalizados, julgados, decididos, planificados ou criados mentalmente" (Damásio, 2017, p. 144). A ausência de sentimentos provoca uma suspensão do ser.

Os sentimentos são experiências mentais "e são conscientes por definição". "Seu conteúdo refere-se sempre ao corpo do organismo do qual emerge" (Damásio, 2017, p. 147). "Os sentimentos são percepções de certos aspectos do estado do vivente no interior do organismo" (p. 149); eles são espontâneos e provocados.

> Chamamos de *temperamento* a maneira mais ou menos harmoniosa com que reagimos aos choques e sacudidelas da vida, dia após dia – é o produto de longo processo de educação e de sua interação com os mecanismos fundamentais da reatividade emocional (Damásio, 2017, p. 162).

Os sentimentos não são acontecimentos puramente neurais. São concebidos por sua regulação vital. Eles fornecem informações sobre nossa homeostasia de base ou sobre nossa condição social (p. 200).

Numa sessão de cinema, assistimos ao filme e desligamo-nos do resto. Certo ponto do filme desperta a consciência de si. "A consciência é um estado de espírito particular no qual as imagens mentais são impregnadas de uma subjetividade e são projetadas no nosso espírito de maneira integrada, mais ou menos longa" (p. 220).

"Todas as faculdades mentais intervêm no processo cultural humano" (p. 235). Daí o uso dos algoritmos. Algoritmo é uma fórmula, uma receita e a enumeração de etapas em vista da obtenção de resultados precisos.

Afirma Damásio (2017, p. 317):

> [...] a governança requer longo processo de negociação, que está diretamente ligado à biologia dos afetos, dos conhecimentos, do raciocínio e da tomada de decisão. Nós estamos irremediavelmente tomados por mecanismos dos afetos e seus arranjos com a razão. Impossível escapar disso.

E prossegue: "as soluções culturais atuais e sua aplicação não podem escapar de suas origens biológicas" (Damásio, 2017, p. 317). Os humanos devem domar os aspectos mais bárbaros de sua natureza. Cultura ou civilização são os nomes que damos aos frutos acumulados de tais iniciativas. Vemos que emoções (afetos) são a mola de todo o comportamento humano, tendo o *desejo* como propulsor.

Daí ser imprescindível o estudo do relacionamento do Direito (uma das manifestações do conhecimento) com as paixões (que são humanas e entram em contato com todas as demais manifestações).

Importante é compreender o mundo.

Mais recentemente, Antônio Damásio publicou *Sentir et savoir* (2023), que na parte III cuida dos sentimentos. Ele afirma que os "afetos mais elementares surgem no interior dos organismos vivos. Eles nascem vagos e difusos, engendrando sentimentos difíceis de descrever e situar" (2023, p. 87).

Ainda, ele efetua algumas definições, identificando as *emoções* como "conjuntos de ações internas involuntárias e concomitantes liberadas por acontecimentos perceptivos" (Damásio, 2023, p. 93), e diz que os *sentimentos são* "experiências mentais que seguem e acompanham diversos estados da homeostasia no seio do organismo" (p. 94).

As palavras são rótulos que apomos às coisas para identificá-las. Nada impede que utilizemos outras palavras, desde que expliquemos o que significam.

Antônio Damásio conecta a fonte psicológica a um perfil químico integrado no interior do organismo e afirma a existência de um diálogo entre a química corporal e a atividade bioelétrica dos neurônios no seio de um sistema nervoso (2023).

As lições que podemos tirar dos textos é que tudo isso produz efeitos no mundo jurídico. A prática constante da vida em sociedade impõe confrontos, desencontros, desenganos, incompreensões e, no mais das vezes, tais problemas desembocam no Poder Judiciário.

13
COMPREENSÃO DO MUNDO E NÃO MERA DESCRIÇÃO

Um dos pontos essenciais para nosso conhecimento das coisas, dos seres humanos e do mundo é compreender os sentimentos mais profundos do nosso ser. O homem se reconhece como tendo um corpo (matéria) e uma *alma*. O primeiro é facilmente perceptível. A segunda é uma incógnita.

Em *Fédon*, Platão (2007, 70a), na discussão entre Cebes e Sócrates, afirma que

> [...] as pessoas supõem que quando a alma abandona o corpo não existe mais em lugar algum e que no dia em que o indivíduo morre é destruída e dissolvida; que logo que deixa o corpo e se dissocia dele ela se dispersa como sopro ou fumaça, esvai-se e não é mais algo em lugar algum.

É Cebes contestando Sócrates. Acrescenta Cebes: "talvez sejam necessários muitos argumentos e demonstrações para mostrar que, uma vez um ser humano esteja morto, a alma continue existindo e retenha poder e inteligência" (Platão, 2007, 70b). Sócrates, então, examina se as "almas dos seres humanos falecidos estão no mundo subterrâneo ou não" (Platão, 2007, 70d) e conclui:

> Segundo uma antiga explicação, da qual nos recordamos, elas partem daqui para lá e para aqui retornam novamente, nascendo dos mortos. Ora, se isso é verdade, se os vivos nascem novamente dos mortos, nossas almas existiriam lá, não existiriam? Afinal, não poderiam renascer se não existissem.

Utilizando-se da *tese dos contrários*, Platão busca demonstrar a existência das almas. Conclui que os vivos são gerados a partir dos mortos, "tal como estes a partir dos vivos; e visto ser assim, parece-me que dispomos de uma suficiente prova de que as almas dos mortos necessariamente existem em algum lugar, de onde retornam à vida" (2007, 72a).

O materialismo antigo, representado por Epicuro (na Física), nega tal possibilidade e afirma que

> [...] a alma é corpórea, composta de partículas sutis, difusa por toda a estrutura corporal, muito semelhante a um sopro que contenha uma mistura de calor, semelhante um pouco a um e um pouco a outro, e também diferente deles pela sutileza das partículas, e também por esse lado capaz de sentir-se mais em harmonia com o resto do organismo (Epicuro, 2009, p. 75).

Lucrécio não diverge dessa tese. Distingue *alma* e *espírito*. O espírito é o pensamento. A alma está disseminada no corpo. E conclui: "este mesmo raciocínio demonstra que é corpórea a natureza do espírito e da alma" (Lucrécio, 2015, p. 147).

Por aí bem se vê que há uma discussão eterna sobre a existência da alma como entidade destacada do corpo e destinada não apenas a movê-lo como também a ter uma existência espiritual num mundo transcendente.

Haveria dois mundos? Um *imanente*, terráqueo, humano, ser vivente entre outros viventes, sensível e corporal, e outro, *transcendente*, habitado por Deus ou pelos deuses, a quem prestamos reverência, adoração e respeito, e temos nossas vidas ditadas por eles, não apenas em termos religiosos, mas também éticos?

O que vale a pena é não apenas descrever o mundo como muitos fizeram, mas buscar compreendê-lo. Isso é feito pela inter-relação dos ramos de conhecimento. Nada está isolado neste mundo. Ninguém conhecerá todos, mas, dentro de matérias correlatas, vale pensar em sua conexão.

13.1 OS DOIS MUNDOS

Vivemos no mundo terreno. Deus ou os deuses, em outro universo, transcendente, inatingível, das ideias ou das formas, à maneira platônica. O tempo e a eternidade. Cronos matando seus filhos ou os deuses no Olimpo? Para que esse outro mundo exista é imprescindível que os seres humanos creiam nele. É necessária a existência de um Deus ou de deuses que pululam em nossa imaginação? Analisemos.

13.2 A religião. Visão de diversos autores

Interessante observação é a de visitarmos cavernas em que pinturas rupestres retratam seres naturais ou espirituais. Representariam seres de outro mundo? Há um conhecimento religioso intuitivo? Teriam os antigos imaginado uma alma separada do corpo?

É evidente que as respostas não são nada fáceis e dependem, basicamente, de nossa aceitação de um mundo do além.

Na hipótese do materialismo, se a alma é apenas matéria e está conectada com o corpo, dele fazendo parte, parece não haver dúvida de que, com a morte, tudo se dissolve (*mors omnia solvit*), termina não só a vida física, mas também a espiritual. Para Epicuro e posteriormente para Lucrécio, nada existe. Por isso, Hamlet afirmou: "o resto é silêncio".

Assim, só podemos discutir a religião na hipótese de aceitação do mundo transcendente.

De onde teria, então, surgido a religião? Qual a sua origem? Como nasceu?

As teorias são as mais diversas. O *animismo* – atribuição de um espírito ou alma a todos os objetos humanos ou não – é o início da expressão humana espiritual. A mente ainda empírica dos primitivos leva a atribuir uma expressão anímica aos fenômenos da natureza e à própria natureza. Ainda não é o *panteísmo*, mas o surgimento de expressões de vida no mundo.

Nesse sentido, a *antropofagia* tem um significado religioso. Comer o outro é assimilar seu ser (ainda impreciso e indefinido). É *in corporar* (assim mesmo) o outro, fazendo com que o morto passe a fazer parte do vivo.

Nas pinturas rupestres, os teóricos visualizam não a representação da natureza existente nem dos animais pintados, mas a imaginação de um mundo existente além deles próprios.

13.2.1 Teoria dos sonhos

Uma das teorias que busca entender a origem das religiões calca-se na suposição de que, ao sonharem, os primitivos viam a representação de outro mundo e encontravam pessoas com quem tinham convivido (pensavam-nas vivas em outro lugar = outro mundo). Assim deve ter começado a religião.

Teoria dos encontros com a natureza. Quando o ser humano vê a natureza percebe que outro ser a teria feito. Árvores gigantescas, águas cristalinas, animais, lua, chuva, céu, tudo é surpresa. Alguém deve ter feito tudo isso.

É o que se denomina *supernaturalismo,* ou seja, a atitude dominada pela admiração do misterioso. Há um ser misterioso que, liberado do corpo, torna-se espírito.

Busca-se explicação para o que não se conhece. Há questões que o ser humano não consegue responder e por isso elabora uma explicação sobrenatural.

13.2.2 A teoria de Émile Durkheim

O autor afirma que a religião surge para a procura de explicação sobre o mistério da existência. É uma questão *social.* A origem dos impulsos religiosos tem nexo com a consciência coletiva. O sagrado apenas tem importância na medida em que é útil. É uma das formas pelas quais o indivíduo age na sociedade.

A coesão social obriga os homens a se reunirem em torno de um conjunto de símbolos, de rituais, de noções de parentesco etc. O fundamento é social.

13.2.3 Sigmund Freud, Carl Jung e David Hume

Os psicanalistas vão asseverar que a religião nasce da necessidade de o homem justificar seu desamparo (Freud, 1969). David Hume (2009, p. 145) garante que a religião surge do "medo ansioso".

René Girard (1998), em *A violência e o sagrado*, vê na origem religiosa a mitigação da violência concentrada no ritual do sacrifício – o bode expiatório.

Karl Marx e Ludwig Feuerbach afirmam que é um falso sentimento e instrumento de dominação de uma classe. Daí ser "o ópio do povo" (Marx, 2005, p. 145). A religião, antes de ser um instrumento de conforto, é fonte de angústia.

A religião como fenômeno neurológico. A ciência cognitiva da religião vem afirmando que a religião brota de um fenômeno neurológico. Anota Reza Aslan (2018, p. 46) que todo impulso "é gerado por reações eletroquímicas complexas no cérebro".

O retorno à origem. De onde vem a ideia de alma? Não se pode dar resposta positiva.

> Na verdade, a teoria cognitiva da religião está correta, foi a crença na alma que levou à crença em Deus. A origem do impulso religioso, em outras palavras, não está enraizada em nossa busca de significado ou em nosso medo do desconhecido. Não nasce de nossas reações involuntárias diante do mundo natural. Não é uma consequência acidental do funcionamento complexo de nossos cérebros. Ela é resultado de algo muito mais primitivo e difícil de explicar: nossa crença arraigada, intuitiva e inteiramente sensitiva de que somos, o que quer que sejamos além disso, almas encarnadas (Aslan, 2018, p. 53).

Como mal nos conhecemos, pretendemos que os seres divinos ou extraterrestres tenham nossa imagem e nossos sentimentos. Os deuses alimentam-se (vide ambrosia e néctar na mitologia grega e Ganimedes, que foi sequestrado por Zeus para ser o garçom divino), usam roupas, têm relações sexuais (Zeus foi poderoso amante, Apolo encantava divindades e seres humanos, Ares seduziu Afrodite, mulher de Hefesto, deus do além), têm ciúmes, ódio e sentem como humanos.

A evolução como instrumento do conhecimento dos deuses. A caça, recurso originário para alimentação, obriga o homem a dominar o espaço. Saber onde encontrar a caça era obrigação do caçador. À medida que o homem nômade torna-se sedentário, ele é obrigado a dominar o tempo, a saber o ciclo das chuvas e o período de plantio e colheita.

13.2.4 Adoração de ídolos

A adoração do divino começa pela crença no transcendente, isto é, na existência de vida após a morte. O mundo do além seria dirigido por Deus ou por deuses. Para simbolizá-los, os homens lançam mão de ídolos, ou seja, o sacerdote levava ao conhecimento do povo um objeto que *simbolizava o deus*. Não era o objeto que devia ser adorado, mas o espírito que nele morava.

Logo, quando os cristãos católicos ou gregos adoram imagens ou ícones, não estão reverenciando a entidade que representam, mas o espírito encarnado neles. É a aparência física do deus na Terra. Da mesma forma que se acredita que Deus fez-nos à Sua imagem e que Ele tem emoções humanas (o Deus do Antigo Testamento é um Deus vingativo e punitivo), o objeto que o representa tem nele sua *encarnação*.

A representação de deuses indianos com uma série de braços e pernas não significa que eles tenham, fisicamente, tais características, mas que têm mais braços ou mais pernas para oferecer melhores e maiores trabalhos para os humanos. Quando a imagem tem mais olhos, isso significa que o deus representado busca olhar melhor por seus crentes. Não é o caso do Argos grego, que tinha olhos para vigiar. Mas a caricatura e os excessos da representação dos deuses significam que eles nos querem mais e pela quantidade de membros buscam maior proteção para todos.

A representação dos deuses incorporados em animais significa que buscam maior prosperidade. A vaca, por exemplo, é a nutriente de todos. O leão representa a força. A coruja, a sabedoria. A águia, a esperteza e também a força. O chacal representa o deus do Além, porque é o devorador de cadáveres.

A representação dos deuses como semelhantes aos humanos, a antropomorfia, revela que, como disse Xenófanes de Cólofin, "se cavalos, bois ou leões tivessem mãos, os cavalos desenhariam as figuras dos deuses como cavalos, e os bois como bois" (Dumont, 2004, p. 44).

13.2.5 Politeísmo e monoteísmo

Na origem, as populações primitivas acreditavam em muitos deuses. Cada qual correspondia a um fenômeno. O sol era adorado tanto quanto a lua, os trovões, a chuva etc. Cada qual tinha um nome e era respeitado e adorado.

A primeira tentativa de introdução do *monoteísmo* ocorreu no Egito por volta de 1533 a.C., com a assunção do Faraó Amenhotep IV, que mudou seu nome para Akhenaton (Amon-Rá está satisfeito), a cidade sede de seu reinado, fundando outra (hoje Amarna), e, inspirado no sol, instituiu o monoteísmo. Também destruiu todas as estátuas de veneração dos deuses antigos.

Nova tentativa de introdução do *monoteísmo* ocorreu no Irã, com Zaratustra (perto de 1100 a.C.). Ele pertencia à classe sacerdotal, abandonou suas obrigações e vagou pelas estepes e vales. Foi alcançado por uma luz branca quando se banhava e garantiu a existência de um deus único – Ahura Mazda. Surgiu o profeta e revelou o deus único.

Havia o dilema da existência do mal. Ele afirmou que o mal não foi criado por Ahura Mazda, que ele apenas criou o bem, mas que ele não pode existir sem o mal, seu oposto negativo, que, no entanto, tem que ser dominado. Cosmologicamente, a situação era dual. Religiosamente, havia um único deus.

13.2.6 O judaísmo

O Pentateuco contém lendas e histórias misturadas que provêm de diversas fontes. Com o judaísmo começa o Deus único, a mística judaica, a escatologia, o povo escolhido, a figura de Javé. O ente supremo criador e vingativo. Na sucessão há o *logos*, a razão. Agostinho, bispo de Hipona (354-430 a.C.), foi quem entendeu que Deus é uno, mas tem três formas – Pai, Filho e *Espírito Santo*. A trindade passa a prevalecer, tendo a mesma *substância*.

13.2.7 O islamismo

No século VI d.C. surge Mohammad (Maomé). Ele identifica Allah (Alá) com Javé e afirma que todos os profetas anteriores são profetas, inclusive Jesus. Rejeita ídolos porque não há imagens de Allah.

13.2.8 Mito, religião e filosofia

O fundamento é o mesmo. O *mito* "é uma realidade cultural extremamente complexa, que pode ser abordada e interpretada por perspectivas múltiplas e complementares" (Eliade, 2000, p. 11), e conta uma história sagrada: "ele relata um acontecimento ocorrido no tempo primordial, o tempo fabuloso do 'princípio'" (p. 11).

O mito busca uma interpretação da realidade para explicar o incognoscível. O ser humano abisma-se com a complexidade da vida, da natureza e do mundo, buscando uma explicação possível para compreender os segredos e para entender a origem do mundo, dos animais, das plantas e do homem.

Diz Marilena Chauí que o mito "é uma fala, um relato ou uma narrativa cujo tema principal é a origem" (2002, p. 310). A religião vem do latim *re ligare* (unir, vincular). Ligar o quê? O mundo sagrado e o profano. Já não é procurar explicação para os fenômenos, mas aceitar a existência da alma e do *mundo sagrado* ou transcendente.

Explica Chauí (2002, p. 311):

> O *logos* busca a coerência, construindo conceitualmente seu objeto, enquanto o *mythos* fabrica seu objeto pela reunião e composição de restos díspares e disparatados do mundo existente, dando-lhes unidade num novo sistema explicativo, no qual adquirem significado simbólico.

O *mito é uma verdade explicativa da origem de alguma coisa e busca compreender o mundo. A religião* conecta o mundo sagrado e o profano. O ser humano procura encontrar conforto na abstração e na espiritualidade. *A filosofia* busca compreender, pelo conhecimento, as coisas do mundo.

13.3 A BUSCA DO ENTE ETERNO

O homem tende a buscar um Deus. Alguém (ou alguma coisa) que está em outro mundo. Extraterreno. Transcendente. Acima de tudo. Fruto do medo. Ora, é uma busca infrutífera. Simplesmente, não existe um deus. O homem cria um deus. À sua imagem. Antropomorfa. Imagina deuses iguais a si. Foi o que sucedeu na Grécia e em Roma. Ali os deuses eram seres iguais aos homens e viviam num lugar inalcançável, mas conviviam com eles e interferiam em suas vidas.

Na Idade Média, a Igreja foi terrivelmente drástica e utilizou-se de todos os recursos para manter a fé em um Deus odioso e punitivo. Com o Iluminismo quebrou-se um pouco da fé, embora ela ainda subsistisse. Enfim, o que resta das religiões? Pensamentos esparsos, fé diluída, prevalência do aspecto social antes que o religioso. As religiões pulverizam-se, viram ópio do povo, no dizer de Marx. Em verdade, é poderoso instrumento de controle social e de dominação sobre os crentes.

Em diversas civilizações já extintas o poder encontrava-se nos sacerdotes, porque eles detinham o poder de conversar com a divindade. Previam chuvas (porque tinham conhecimentos específicos de astrologia), neve, transformações climáticas, sabiam a época do plantio, enfim, eram poderosos porque recebiam mensagens do outro mundo. Dialogavam com o divino e, pois, tinham a força do transcendente. Daí sua respeitabilidade. Ocorre que, diante das alterações climáticas, começaram a errar na previsão do futuro e foram mortos pela população revoltada.

A prática confessional dá aos sacerdotes poderio em obter diversas informações importantes. O aparato de riqueza impõe distância das populações carentes. O pobre tem medo de aproximar-se dos sacerdotes porque não tem conhecimento para dialogar com eles. O luxo em que vivem os representantes da divindade na Terra é alarmante e nada desprezíveis os verdadeiros tesouros que têm em prédios, obras de arte e educação primorosa. A vida dos religiosos é distante das comunidades e deve ser mantida distante dos olhos comuns porque, assim, mantém-se a crença de que são pessoas privilegiadas, não só por terem cultura maior, mas também por manterem-se distantes (as verdades não são sabidas pela comunidade).

A Igreja Católica mantém seu aparato burocrático e de riqueza. Tesouros sem fim ornamentam igrejas em todo o mundo. Mas nunca se compararam com os lírios do campo com os quais nem Salomão, em toda sua glória, pôde equiparar-se. Todos os ensinamentos (não importa se verdadeiros) do jovem de Nazaré são desprezados. A prova da pobreza é ignorada. Os pescadores de almas viraram pescadores de riquezas. Sem prejuízo de se pensar nos terrores da Inquisição.

Dostoievski (1962) viu muito bem o problema e retratou-o no tema do Grande Inquisidor (em *Os irmãos Karamazov*) em que imagina o retorno do Cristo à Terra e o Inquisidor prende-o e manda-o desaparecer, matando-o. O texto é notável e fala por si só.

Se não há Deus, o que temos em seu lugar? Em verdade, as pessoas creem em sua existência. Ninguém consegue dizer o que seja. Quem mais se aproximou de uma explicação plausível foi Aristóteles (2012). Só que, em seu texto, o filósofo estava explicando o cosmo, e não a religião. Todos se confundem quando ele fala em primeiro motor e causa das causas, ideias que foram magistralmente manipuladas por Tomás de Aquino, que as utilizou no esclarecimento teológico.

Em verdade, as pessoas precisam do divino. Como são "jogadas" no mundo, no dizer de Heidegger (2014, p. 61), surge a angústia (Kierkegaard, 2010) ou a náusea (Sartre, 2005) de se sentirem sós no mundo. O homem precisa de uma muleta afetiva. Quando se sente só, precisa do divino.

Não se pode extirpar a esperança da mente das pessoas. Elas precisam dela, têm que acreditar em algo, sob pena de o mundo tornar-se uma coisa sórdida. Não conseguem se limitar a pensar que nascem para morrer e nada mais. Têm que se alimentar, reproduzir, estudar, ganhar a vida, tornar-se importantes, ocupar cargos públicos relevantes... para quê? Para morrer.

O raciocínio cru é duro. Daí o surgimento da fé. As pessoas têm que se apegar a alguma coisa. À família, ao relacionamento social, a festas, à consagração de relacionamentos, a sentirem-se importantes. Tudo... para quê? Para a morte.

Daí a crença em uma nova vida. Daí a expectativa de encontrar do outro lado (segunda vida) virgens ansiosas ou o reencontro com parentes, pais, filhos, amigos que, então, congraçar-se-ão. Como nunca ninguém retornou (*"lasciate ogni speranza voi ch'entrate"*[12], como disse Dante Alighieri), o mundo do Além é o incognoscível, é o desconhecido. Porém a fé supera o medo.

A fé é, pois, o mais poderoso instrumento do crente para manter-se vivo e acreditar na vida, na expectativa sempre de outro mundo melhor. É isso e apenas isso que mantém os seres humanos vivos. O indiano vive na expectativa da reencarnação e, então, a vida ser-lhe-á menos cruel. O islamita busca a vida do outro lado na crença de ser recebido por Allah e pelas virgens prometidas (embora as mulheres não tenham a mesma prerrogativa), o cristão aguarda uma vida melhor ao lado de anjos e santos e, com certeza, todos irão ao paraíso. O budista tenta alcançar o nirvana por meio de seu comportamento de seu comportamento terreno e pela dominação dos instintos. O judeu acredita que se reencontrará com Deus (Adonai, Javé) e terá vida melhor em que não haja preconceito. Somente a fé cega mantém viva a religião.

O cosmo é gigantesco. Bilhões de estrelas, cometas, sóis, luas, galáxias etc. Tudo tem existência de bilhões de anos. Como crer que isso foi feito por alguém? O mundo é o mundo. Está aí. É o desconhecido. É o que nos amedronta.

Ocorre que, se cremos que somos apenas matéria que se desfará em pó e que não há uma alma separada do corpo, mas que alma e corpo são uma coisa só e que ambos serão desfeitos num belo dia, resta-nos a possibilidade de viver bem e em paz, talvez sob o regime budista, procurando o bem-estar, embora sem o controle das emoções. Estas são inatas e, assim, devemos vivê-las intensamente, sem refugar nossa existência ou tentar controlá-las para que possamos viver com profundidade.

---

12 Do italiano, "deixai todas as esperanças vós que entrais".

A vida foi-nos dada em uma noite de sexo. Eis a origem do mundo (na tela de Courbet, que se encontra no Museu D'Orsay, em Paris). Um espermatozoide uniu-se a um óvulo. Fecundou-o. Nascemos... para morrer. É a fatalidade da vida.

A religião, sem dúvida, é poderoso ópio (Marx, 2005) que alimenta as ilusões da maioria. As pessoas vivem permanentemente na esperança de um novo mundo onde as coisas serão melhores. É uma ilusão, como disse Freud (1966). Mas isso anima e mantém-nos vivos, crentes em que as coisas podem melhorar.

Nesse passo, a religião é poderoso instrumento de contenção da fúria incontida na sociedade. Há um rumor de angústia que cresce a todo instante, mas tanto a religião quanto as promessas políticas têm o poder de desarmar os espíritos. Assim, por tais caminhos prossegue a dominação. A religião é a anestesia dos sentimentos e o embotamento da razão.

Ateu ou agnóstico? Tanto faz. Um não aceita a existência de um deus; o outro duvida dele. O resultado é o mesmo. Pelo menos não há fé. Não há esperança. A matéria toda conta. A matéria movimenta o mundo. A alma é matéria anexada ao corpo. Uma só coisa. Sem fé e sem religião.

Claro está que a religião conectada com o Direito faz surgir um emaranhado de palavras, emoções, paixões que interferem nas soluções dos conflitos. A religião e seus sacerdotes não resolvem todos os contratempos entre os crentes e entre eles e a sociedade. Logo, quando se judicializa a pendência, a fé entra em campo com todo o seu vigor e dissemina sentimentos de toda ordem. Há forte interferência das religiões no Direito.

Percebe-se, do quanto se disse, que a religião é pura emoção. Seja criada pelo medo ou por outro motivo, ela ingressa na subjetividade de cada um e daí surgem crenças inabaláveis. É a emoção que toma conta das pessoas e o transcendente dá-lhes expectativa de esperança de vida melhor. Creem ainda que seja absurdo, em promessas de mundos melhores, choram ao pensar em Deus ou em deuses que podem trazer uma vida boa ou aliviar as dores que sofrem.

A emoção religiosa desemboca na busca de soluções jurídicas. Há verdadeiro conflito na população em relação a temas sensíveis como aborto, casamento homoafetivo, jogo, imunidade tributária de templos, uso de signos religiosos como a cruz, todos controversos na religião e que espargem seus efeitos no Direito.

A relação religião, afetos e Direito é bastante clara quando confrontada com matérias trazidas por textos tidos como "sagrados", lidos de forma equivocada ou compreendidos de maneira errada em confusão misturada com emoção e Direito.

O reinado da fé é povoado de emoções, crenças, esperanças, tudo movido na expectativa da existência de um deus caridoso e bom.

O cristianismo realizou as cruzadas, com imensa mortandade, pelo domínio de Jerusalém. Sob o signo da cruz, assassinou milhares de pessoas; o islamismo extremo pratica terrorismo infundado. Claro que são deturpações da religiosidade que se orienta pela bondade, mas é a emoção religiosa que leva a tais caminhos.

Max Weber, que passaremos a examinar, trouxe a religião para o terreno da sociologia. É outra visão possível.

13.4 A RELIGIÃO EM MAX WEBER

Um dos maiores nomes a tratar das religiões foi Max Weber. Buscou a ética na religião. Alude ao *ressentimento* de Nietzsche, que considera a glorificação moral da piedade como uma *revolta de escravos*. Surge daí um confronto que gostaríamos de analisar. A religião nasce de um povo pobre ou dos ricos?

No meio de um povo nasce alguém com alguma perspicácia superior à de todos. Começa a perceber o movimento dos astros, a produção agrícola, a previsão das chuvas e de outros fenômenos naturais. Adquire, assim, uma *ciência* que os outros não têm. Logo, passa a ser um ponto de referência de informações e previsões. No mais das vezes, acerta e, pois, passa a ter prestígio com a comunidade. De igual maneira, começa a testar ervas e logra obter algum conhecimento para mitigar sofrimentos, tais como dores, mal-estar, e até um conhecimento do interior do corpo. Com isso passa a ser um *mágico*.

Diz Weber (1979, p. 315) que "o prestígio dos mágicos particulares, e dos espíritos ou divindades em cujos nomes eles realizavam seus milagres, angariou-lhes proteção, a despeito de sua filiação local ou tribal".

Mágicos e sacerdotes passaram a ter a função de minorar sofrimentos e orientar as pessoas e, aos poucos, passaram a ouvi-las em confissão. Afirma Weber (1979, p. 317) que "os oprimidos ou pelo menos os ameaçados por uma desgraça necessitavam de um redentor e profeta". Uma religião profética tinha como centro as camadas sociais menos abastadas.

Os intelectuais tentaram o racionalismo para compreender a religião. A gnose deveria recair sobre o cosmo. Apenas ele fornece-nos uma explicação racional.

Mesmo com a achega de Weber, não se afasta a interferência da religião no Direito por meio de suas múltiplas ações, seja dos sacerdotes, seja dos crentes. Há uma imbricação plena do Direito com as emoções

14
AS PAIXÕES (EMOÇÕES). OS SENTIMENTOS (INDIVIDUAIS) E AS EMOÇÕES (PÚBLICAS)

Antônio Damásio (2010, p. 168-169) define a emoção como

> [...] a combinação de um processo avaliatório mental, simples ou complexo, com respostas dispositivas a esse processo, em sua maioria dirigidas ao corpo propriamente dito, resultando num estado emocional do corpo, mas também dirigidas ao próprio cérebro (núcleos neurotransmissores no tronco cerebral), resultando em alterações mentais adicionais.

Poucos dão a importância devida às emoções em todas as manifestações da vida. Alguns estudam-nas sob o ângulo da patologia; outros desconhecem-nas; terceiros tentam compreendê-las. As pedras não manifestam nenhuma afecção. Simplesmente existem. Não reagem ao mundo exterior. As plantas são diferentes. Necessitam de ar, de água e sol e respondem ao ambiente em que vivem. Na chuva, suas nervuras e sua beleza natural regozijam-se. Precisam também do ar, bem como dos insetos, que roubam sua doçura para semeá-las em outros lugares. Os animais são sensitivos. Têm reação imediata ao calor e ao frio, à brutalidade humana e ao carinho.

As pedras e as plantas não têm alma, apenas reagem ao meio ambiente. Os animais têm seu *software* pronto. Desde a origem do mundo vivem da mesma forma. As baratas têm o sentido de defesa de correrem quando em perigo ou quando sentem a luz, em caminhos tortuosos para não serem pisadas. O rato foge ao ser avistado. A onça defende-se fugindo ou ataca quando acuada ou com fome. Os pássaros cantam. É que cada qual é preparado por sua própria natureza. Não evoluem. Têm os mesmos instintos que seus antepassados tiveram, sem nenhuma alteração. São *sensitivos*.

O ser humano é diferente. Seja porque recebeu o fogo dos deuses por meio de Prometeu, seja porque é criatura de Deus, seja porque nasceu de alguma divindade nas religiões não cristãs, de qualquer forma o homem é dotado de *razão*. Ocorre que ela não esgota sua compreensão. Ela é apenas parte do todo que é composto por matéria e *afetos*. *É um ser bem mais complexo porque muda constantemente em busca de sua perfectibilidade.*

Vale bem a lição de Rousseau (2017, p. 55) ao ver "em todo animal apenas uma máquina engenhosa à qual a natureza deu sentidos para recompor-se ela própria e para proteger-se até certo ponto, contra tudo o que tende a destruí-la e desarranjá-la". O animal age por instinto; o homem por liberdade. "O homem recebe a mesma instrução, mas se reconhece livre para concordar ou resistir e é, sobretudo, na consciência dessa liberdade que se mostra a espiritualidade de sua alma" (Rousseau, 2017, p. 56). Daí resulta a *perfectibilidade humana*.

No mundo grego o cosmo era único, harmônico. Os filósofos buscaram compreendê-lo. Cada qual deu sua interpretação de como via o mundo. Plano, esférico ou ovalado? Sua origem foi a água, a terra, o fogo ou tudo junto? Mas afirmavam um mundo finito e coordenado.

De repente, descobriu-se que o cosmo não é harmônico, mas caótico, com bilhões de astros girando "doidamente" pelos céus. Urano parece reviver seus tempos de pai de todas as coisas e, quando vê seu pênis decepado por seu filho, emite grito gigantesco e espalha pelo cosmo todas as coisas que ainda hoje vagueiam.

Epimeteu distribuiu aos animais todo seu potencial. Pescoço comprido, carapaça, asas, nadadeiras, enfim, cumpriu a tarefa que os deuses lhe haviam atribuído. Esqueceu-se dos homens. Fez Prometeu roubar a centelha da vida para entregá-la a eles.

Na versão judaica e cristã, Deus teria criado o mundo em seis dias e depois descansado. Deu-lhe ordem e harmonia e criou o homem e a mulher, determinando que se multiplicassem.

Lendas? Conhecimento antigo? Verdades? Crenças? Mitos? Ainda vivemos em completa ignorância em relação a muitas coisas, sem embargo dos avanços de Galileu, Newton e Einstein. Outros gênios igualmente colaboraram para as conclusões que temos hoje. Mas se esgotam aí? Em hipótese alguma.

Aqui não indagamos sobre o mundo em sua totalidade, deixando para os especialistas em cada área que aprimorem seus conhecimentos e tragam-nos mais luzes sobre o mundo material, vegetal e animal.

Debrucemo-nos sobre o ser humano. Trabalho gigantesco, porque não queremos estudar o homem em sua forma anatômica nem em seus humores e seus problemas físicos.

Nossa busca de compreensão dos sentimentos humanos centra-se sobre o ser humano em suas afecções. Reage ele ao mundo que o toca em todos os instantes; reage em relação aos outros buscando parceria ou afastamento; reage em relação a terceiros que ignora?

O primeiro impacto dos europeus com os índios foi terrível, porque estavam diante do *outro diferente*. Já no meio de iguais o ser humano se estranha a todo instante, seja por diferentes ideias, seja por diferentes desejos. Ainda mais quando encontra alguém que lhe é absolutamente diferente, como ocorreu entre europeus, indígenas e negros ou quando se depara com pessoas com deficiência.

O primeiro contato é de estranheza. Não sabemos exatamente como nos comportar. Como reagir perante outro mundo? Como é o primeiro encontro? Quais são as diferenças que detectamos nessa aproximação? Há repulsa? Rejeição? Compreensão perante o outro? Carinho? Afeto? Desejo? Para compreendermos a reação e como agir em relação a ela é que precisamos estudar os afetos.

Em verdade, não sabemos exatamente, mas alguma coisa parece ter atingido nossa interioridade porque não sabemos bem como agir ou reagir. O que se apresenta diante de nós é novo e não temos resposta para a situação.

Para compreendermos as emoções que nos assolam diariamente temos que fazer uma reflexão, valendo-nos de ensinamentos passados e presentes, já que o futuro se apresenta como incógnita. Seriam as emoções perturbações da mente (alma)? São algo que desequilibra o corpo?

Os afetos seriam emoções ou não? Seriam juízos de valor que geram sensações agradáveis ou desagradáveis no corpo?

Importante assentar que as emoções não são universais, tal como entende Richard Firth-Godbehere (2017), pois mudam de uma cultura a outra, dependendo, inclusive, do período histórico. São sentimentos bastante complexos. E pode-se afirmar que elas têm uma história que se desenvolve diferentemente ao longo dos períodos.

Interessante observar que modernamente expressamos nossos sentimentos por *emojis*, figurinhas japonesas que estão nos celulares. Significa o nascimento de nova linguagem simbólica. Os afetos e as manifestações de carinho ou de ódio são representados por figuras. Embora não expressemos o que nos vai na alma, o símbolo leva ao destinatário um sentimento positivo ou negativo.

Antônio Damásio distingue entre emoções e sentimentos. Emoções são públicas, sentimentos são privados. "As emoções são ações em movimentos muitos deles públicos, que ocorrem no rosto, na voz, ou em comportamentos específicos" (Damásio, 2012, p. 42). Sentimentos "são necessariamente invisíveis para o público, tal como é o caso com todas as outras imagens mentais, escondidas de quem quer que seja, exceto do seu devido proprietário, a propriedade mais privada do organismo em cujo cérebro ocorrem" (Damásio, 2012, p. 42).

Daí podermos falar em emoções que nos atingem de forma individual, tais como a ira, o ódio, o amor. Podemos falar também nas sociais, como solidariedade, compaixão, vergonha, orgulho, culpa, inveja, gratidão e outras tantas.

Na distinção de Damásio podemos ter as emoções que nos atingem individualmente, como amor e ira, e as emoções que se refletem na sociedade.

O mesmo autor esclarece o que é a *homeostasia*, palavra que "descreve esse conjunto de processos de regulação e, ao mesmo tempo, o resultante estado de vida assim regulada" (Damásio, 2012, p. 44).

Todos esses estados da alma refletem-se no mundo político e no mundo jurídico. O prefeito de uma cidade pode condoer-se com a situação de moradores de rua e buscar recursos para ampará-los. É uma emoção social. Da mesma forma, as equipes de voluntários que se formam para a entrega de "sopão" a moradores de rua ou a entrega de cobertores quando no inverno. São sentimentos que atingem toda uma coletividade. Reflexo do sentimento interior na emoção pública, para utilizar as palavras de Damásio (2012).

Independentemente da separação feita, o que vale para o presente estudo é como as emoções refletem-se na vida em sociedade e na vida jurídica. Façamos um retrospecto de como isso operou durante a história da civilização.

15 BREVE HISTÓRIA DAS EMOÇÕES. GRÉCIA. PLATÃO E ARISTÓTELES. AS EMOÇÕES VISTAS PELOS GREGOS

Em *O banquete*, Platão celebrou um dos mais ardorosos sentimentos – o amor. Amantes e amados reunidos constituiriam o maior exército (178e). Em seguida, cada um dos convidados à festa deu sua versão do que era o amor. Pausânias afirma que há o amor vulgar de ligações fortuitas (181b). Há o amor apenas masculino (181c). Alguns aprovam tomar um amante em qualquer situação (182b). É mais nobre amar abertamente do que em segredo (182e). Ceder ao amante é nobre (185b).

Em seguida, falou Erixímaco, que era médico. Cuidou do amor nobre, que é o de pessoas decentes ou das que podem ser melhoradas (187d). A seguir, Aristófanes, o comediógrafo, expôs sua tese de que os seres humanos não conseguiam compreender o amor. Havia três tipos de seres humanos, e não dois: macho, fêmea e o que tem ambos os sexos, o andrógino. Eles tinham forma redonda e quiseram alcançar o Olimpo. Zeus cortou-os ao meio. Até hoje cada qual busca sua metade faltante, pois elas sentiram falta da outra. Daí os três sexos. Aqueles com características masculinas buscam por suas contrapartes; o mesmo ocorrendo com as partes femininas. O feminino, que se separou do masculino, busca por ele, enquanto o masculino procura sua parte feminina.

E conclui: "é que o modo de promover a felicidade em prol de nossa raça é conduzir o amor à sua genuína realização" (193c). Agatão disse que tudo decorre da presença de Eros. O amor da beleza era essencial para Eros (197b).

Na sua vez, Sócrates pede que todos ouçam Diotima. Ele relata o nascimento de Afrodite, quando todos os deuses realizaram uma grande festa. Todos foram convidados, menos Pênia (penúria). Poros embriagou-se e adormeceu. Pênia com ele deitou-se e deu à luz Eros. Daí por que Eros está sempre na penúria e longe de ser belo. Ocorre que, quando alguém deseja alguma coisa, quer que ela lhe pertença. Em síntese, "o amor deseja que o bem lhe pertença sempre" (206a). Assim, a causa do amor é o desejo (207b). Belos corpos são desejados.

Quando se perde o bem amado surge a frustração e o desejo é carência. Ao termos o objeto amado, já não o desejamos mais. O amor, pois, é carência e desejo.

Para Platão, os sentimentos estão misturados às emoções e na busca das coisas belas. Só que a beleza não está na coisa, mas nas ideias. Daí sua compreensão da alegoria da caverna, em que os homens apenas veem sombras, e não a realidade. Logo, todo amor é fugaz. O amor verdadeiro está apenas no mundo das ideias ou das formas.

Para Aristóteles (1111-15), "um desejo pode opor-se a uma decisão, mas já não poderá opor-se a um outro desejo. O desejo tem em vista o que é agradável e o que é desagradável. A decisão, contudo, não é feita em vista do desagradável nem do agradável. A ira menos ainda".

As afecções e as ações são manifestações do ser humano. São voluntárias e involuntárias. "Involuntárias são, assim, aquelas ações que se geram sob coação ou por ignorância" (1110-a-5). As voluntárias ocorrem quando o "princípio (motivador) se encontra no próprio agente, é dele que depende serem levadas à prática ou não" (1110-15). O motivo são os desejos que nos levam à ação. Se coagida, é involuntária; se parte de si mesmo, é voluntária.

Em *Retórica*, Aristóteles (2013) desenvolve farta argumentação sobre a arte oratória, em que o orador deve dominar suas emoções e despertar outras nos que o ouvem. "Cabe-nos agora discutir as paixões ou emoções, das quais forçosamente fazem parte a amizade e a benevolência" (2013, p. 122). Ele analisa a cólera (Livro II, n. 2) "como uma inclinação penosa para uma manifesta vingança de um desdém manifesto e injustificável de que nós mesmos ou nossos amigos foram vítimas" (1378-30). Em oposição, cuida da tranquilidade (Livro II, n. 3), que significa "restabelecimento ao estado normal ou um apaziguamento da cólera" (Livro II, n. 3). No número 4 faz um contraste entre o amor e o ódio. Amar "é querer para uma outra pessoa aquilo que temos na conta de bens, e isso em vista de seu interesse e do nosso" (n. 4). Também analisa o ódio, a inimizade e a cólera. "A cólera é acompanhada de dor, o ódio não, pois aquele que se encoleriza, se irrita, se indigna sofre, mas quem odeia não" (n. 4, 1382-10), e cuida da benevolência (n. 7) e da compaixão (n. 8).

Aristóteles não sistematiza as emoções. Ele analisa algumas delas, põe-nas em contraste com outras. De qualquer forma, o autor estuda alguns dos sentimentos.

15.1 A TRAGÉDIA GREGA

Cheias de emoções são as tragédias gregas. Sófocles fez notável exposição em Édipo-rei sobre como os acontecimentos sucedem-se e qual o papel do ser humano na resistência ao seu destino. Ao revelar-se assassino do pai e casar-se com a mãe, Édipo fura seus olhos em gesto de dor profunda. A automutilação agride a norma jurídica, mas constitui-se em defesa de sua mágoa e decepção com os fatos que com ele ocorreram. Posteriormente, Antígona vê-se no descumprimento da norma editada pelo rei para enterrar seu irmão, Polinice. É o respeito ao direito dos deuses e da tradição dos antigos que ela invoca para sepultar Polinice. Afronta a lei ditada pelo rei. É a emoção enfrentando o Direito escrito.

Ésquilo submete a solução, ao júri instituído pela deusa para decidir sobre a vida de Orestes. A morte do pai (Agamemnon, o grande herói grego) causada pela mãe (Clitemnestra) provoca os sentimentos afetivos de Electra e Orestes. Ele mata a mãe e é perseguido pelas Erínias (deusas vingadoras da morte em família). Apolo defende-o e tudo é submetido ao julgamento de pessoas comuns (surge o Tribunal do Júri), resultando em empate na votação, seguindo-se sua absolvição por decisão da deusa Atena. Nasce o voto do desempate que beneficia o réu.

Para não ficarmos monotonamente identificando cada tragédia, basta rememorarmos: a) Hipólito, que se mata para não trair o pai; b) Medeia, que mata seus filhos por perder o amor do marido; c) Íon, que se ofende por ter sido abandonado em uma ilha; d) a fúria de Menelau por ter a esposa raptada; e) a fúria de Aquiles descrita na *Ilíada*; f) o desespero de Ulisses por não conseguir retornar a Ítaca; g) o terror do deus Poseidon por ver seu filho, o ciclope Polifemo, ter o olho queimado; h) a tristeza suicida de Dido ao ser abandonada por Eneias. Os exemplos multiplicam-se, mas fiquemos em alguns apenas como demonstrativos de como as emoções podem impactar o mundo e servir de parâmetros para histórias sem fim.

Vê-se, em tudo isso, que o Direito sempre esteve ligado às emoções. A tragédia grega dá bem a ideia do que se desenvolve nesta obra. É a emoção interferindo em todas as ações da vida. O Direito não fica fora.

15.2 ROMA. CÍCERO. SÊNECA

O grande orador romano analisou os sentimentos em suas *Discussões tusculanas* (Cícero, 2014). No item XXI do Livro II, ele afirma que o espírito é repartido em duas partes, "uma das quais participa da razão e a outra não. Assim, quando nos é ordenado que nos comandemos a nós mesmos, é ordenado que a razão controle a temeridade" (p. 193). Discute com os grandes nomes gregos, mas suscita a superioridade da razão, embora não desconheça a força das paixões.

Sêneca (2004, p. 141) entende que se deve sempre estar próximo à divindade. "Sem divindade ninguém pode ser homem de bem". Não ignora, de outro lado, os afetos que acometem os seres humanos.

É notável a passagem em que fala sobre como têm início e como crescem as paixões.

> Há um primeiro movimento involuntário, como uma preparação da paixão e certa ameaça; um outro, com uma vontade não contumaz, como se fosse preciso eu me vingar, já que fui ofendido, ou fosse preciso castigar essa pessoa, já que cometeu um delito. Um terceiro movimento é já incontrolado; ele não quer se vingar se for necessário, mas de qualquer maneira; ele derrota a razão (Sêneca, 2014, p. 118).

É inegável, como se vê, desde Grécia e Roma, que as paixões interferem na conduta humana a todo instante. Isso atravessa todos os períodos da História.

15.3 AGOSTINHO. ISLAMISMO. TOMÁS DE AQUINO

Agostinho (2002) (capítulo I do Livro 3º). Deixou-se levar pelo prazer lascivo. Depois de passagem pelo maniqueísmo, converteu-se e passou a buscar a alegria (capítulo XXI do Livro 10) a que chama de felicidade. Esta só é concedida aos que amam a Deus. O homem deve abster-se da concupiscência e da voluptuosidade. Deve livrar-se dos prazeres do olfato (capítulo XXXII do Livro 10), do ouvido (capítulo XXXIII) e dos olhos (capítulo XXXIV).

O ser humano deve buscar livrar-se das tentações sensitivas e aproximar-se do amor de Deus, único caminho para a tranquilidade e a felicidade.

Segue-se o islamismo. Maomé recebe os ditames de Gabriel e coloca-os em suras, que servem para orientar todo o povo. A fé alastra-se rapidamente e busca, como base, o temor a Allah. É o cumprimento estrito dos ensinamentos constantes do Alcorão que dá surgimento a uma das maiores religiões modernas.

É do medo que surge a obediência ao Alcorão. O respeito a Allah. Tem o caráter igualmente repressivo de todas as religiões, mas é uma análise interessante sobre o domínio dos sentimentos.

Estudo notável e crítico das paixões da alma foi feito por Tomás de Aquino (2003). O autor inicia por indagar se existe alguma paixão na alma. Seguindo seu critério ao longo de toda a "Suma", coloca os argumentos contrários e favoráveis, e responde:

> A palavra *paixão* tem três acepções. Primeiro, em sentido geral, para significar que todo receber implica em padecer, ainda que nada se exclua da coisa, como se disséssemos que o ar padece quando recebe a luz. Em segundo lugar, padecer em sentido próprio significa receber algo com exclusão de alguma coisa, o que se dá de dois modos. Em terceiro lugar ocorre o contrário e, assim, estar doente é padecer, porque se recebe a doença, com perda da saúde (p. 304).

Aquino entende existirem três partes da alma: a apetitiva – desejo –, o querer como ato dela; a apreensiva – intelecção e compreensão; e a sensitiva – sensação corpórea. Existe a paixão, em que há transmutação do corpo, que decorre do apetite sensível. O apetite intelectivo não requer nenhuma transmutação corporal porque esse apetite não é potência de nenhum órgão.

As paixões decorrem de potências – apetitiva sensitiva (passiva), apetitiva intelectiva (paixão), apetitiva sensitiva (sensações do corpo) e potência apetitiva intelectiva (vontade de conhecer algo).

Em síntese: a) alma apetitiva – desejo –, o querer como ato da alma; b) apreensiva – intelecção e compreensão; c) sensitiva – sensação corpórea.

Aquino compreendeu a importância de debruçar-se sobre os aspectos da alma para poder compreender todas as emoções que na época eram suscitadas pela população em face dos padres, na compreensão dos estudiosos católicos que se debruçavam sobre os textos bíblicos. Inclusive, buscava entender o que se passava no interior dos conventos, no relacionamento entre os estudiosos e também em relação às mulheres.

Reconheceu, sem dúvida, a alma apetitiva em relação aos prazeres da vida e da mesma forma entre os confrontos que ocorriam entre os frades, seja por ciúme, seja por tolerância da vida religiosa em comparação com a vida fora dos mosteiros e abadias. Homem brilhante e dedicado aos estudos, procurou entender como ocorrem as paixões humanas, como entram em confronto e como podem ajudar a pacificar os conflitos.

15.4 OS EVENTOS DO MUNDO MOTIVADOS PELAS PAIXÕES

Nada ocorre no mundo civilizado que não seja provocado pelos afetos. Nos períodos paleolítico e neolítico era o enfrentamento de pessoas a todo instante. Se organizadas em tribos ou clãs, os confrontos ocorriam entre elas (ataques, destruição de choupanas, antropofagia) e decorriam ou eram sucedidos por rituais.

No Egito operava-se a dominação pelos faraós, sujeição de todo um povo, que também acontecia nas civilizações persa e babilônica. Nada de diferente ocorria nos domínios onde hoje é a China, no território de hoje da Rússia e na Índia. Em suma, o mundo inteiro era dirigido por alguns que impunham mitos e deuses, aceitos pelos outros. Sacerdotes eram os que tinham acesso às coisas divinas e, assim tinham trânsito mais fácil entre os governantes. Conheciam o tempo e previam-no, podendo auxiliar na orientação para a colheita e para a época de plantio. Dominavam a população com ameaças e rituais cabalísticos.

Na Grécia e em Roma nada muda. Ainda eram os povos dominados pelos deuses e pelas armas. Violência, sujeição, subordinação a ordens, prestação de lealdade aos imperadores e reis.

Observa-se que tudo defluía das paixões e das emoções que os governantes logravam despertar em todos. Os xamãs tinham pleno acesso às artes divinas e, assim, impunham-se pelo medo, pelo temor e, quando controlavam as emoções, davam causa a alegrias.

Na Grécia e em Roma os deuses eram antropomórficos e influenciavam a vida na sociedade, como se viu na *Ilíada* e na *Odisseia* de Homero. Participavam ativamente das guerras, apoiando guerreiros e decidindo a sorte das batalhas. Roma tinha seus centros de oração, nos quais se homenageavam os deuses.

No período do helenismo nada muda. As alterações decorrem do advento do cristianismo, porém se observa com os mesmos instrumentos de influência. Agora, há um Deus vivo de adoração. Após Constantino, quando o cristianismo invade as populações da época, alteram-se os hábitos, porém as emoções continuam regendo o mundo.

Todos os impérios que surgiram (bizantino, islâmico e o cristianismo consolidado) buscam primazia, tentam alcançar a dominação. As cruzadas revelam bem o confronto religioso do nada. Emoções gratuitas sobre reis e a população levam os papas e os sacerdotes de toda ordem a terem prevalência nas decisões. Prevalece a emoção religiosa.

Depois do Iluminismo nada se altera. Busca-se a razão como controladora dos sentimentos, mas ela não sai vencedora. Os conflitos e confrontos seguem existindo em toda parte. A Idade Média em nada ajudou na compreensão do fenômeno da vida.

Escravos e mulheres não tinham reconhecimento de sua humanidade. Eram tratados como seres inferiores. Prevalecia a dominação masculina decorrente da força. Ela fornece a primeira e originária distinção. Mulher é parte fraca e apenas serve para procriação. O escravo nasce com o dever de servir. Rebaixavam-se seres humanos a segundo plano. Decorrência da dominação. Os brancos tinham armas e eram poderosos, dominando todo o mundo até então conhecido.

Exemplos de excesso de patologia no uso das paixões foi a caça às bruxas, que atingiu principalmente mulheres de idade. Fruto do emprego imponderado das armas religiosas, a Inquisição efetuou autos sem qualquer fundamento e todos que diziam alguma coisa contraditória poderiam ser delatados, acusados, torturados e punidos, inclusive com morte.

As pestes que abateram a Europa foram motivo igualmente de caça às bruxas e todos que tinham indícios de peste bubônica eram amaldiçoados e mortos. O mundo viveu período de trágico obscurantismo. Mistura de religião, crenças absurdas, patologia no entendimento de fenômenos naturais, tudo se somou à incompreensão do mundo.

Lutero foi uma voz que se ergueu contra a venda de indulgências. O papado, querendo construir palácios, vendia aquilo que não precisava entregar (indulgência para compra de lugares no céu). O padre de Wittenberg voltou-se contra isso e causou o cisma religioso, dando ensejo a que Henrique VIII, na Inglaterra, fundasse outra igreja, a anglicana, dando continuação ao protestantismo originário alemão.

A moderna filosofia socorre os pensamentos vagantes e procura dar-lhes ordem. Daí o surgimento dos filósofos modernos. Analisemos alguns deles.

15.5 A IDADE MÉDIA E AS BRUXAS

Tempo crítico e dramático para a humanidade ocorreu em meados da Idade Média, quando houve verdadeira selvageria em torno da Inquisição. Predominavam as ideias cristãs. Contra a venda das indulgências por Tetzel revoltou-se Lutero em 1517, expondo suas teses em Wittenberg.

Ao lado dos conflitos religiosos surgia uma verdadeira caça às bruxas. Os sabás eram utilizados para incriminar mulheres, sempre advindos de denúncia vazia. Instituiu-se a demonolatria e com base nela sucediam-se acusações contra qualquer pessoa. Os inquisidores, que tinham o respaldo tanto da Igreja como do poder secular, faziam de tudo para perseguir, acusar e matar, no mais das vezes, queimando-as na fogueira.

Como esclarece Richard Firth-Godbehere (2022), havia um sentimento de repulsa que provinha da imundície, do fedor e da putrefação das bruxas. Pura imaginação maléfica de pessoas que queriam vingar-se de outras ou que davam vazão a sua maldade.

Trata-se de período triste em que mulheres idosas eram acusadas, sem qualquer fundamento, de heresia e de bruxaria. Sem mais demonstrações ou apurações de busca da verdade, eram incendiadas pelas pessoas comuns em transtorno coletivo ou eram jogadas para a Inquisição, que se incumbia de torturar e matar as "bruxas".

Rose Marie Muraro, em introdução ao livro *O martelo das feiticeiras*, escrito pelos inquisidores Heinrich Kramer e James Sprenger (2020, p. 28), resume o problema: a) o demônio procura fazer o máximo de mal aos seres humanos; b) o mal é feito por meio do corpo em que o demônio consegue entrar; c) o domínio é feito pelo controle de atos sexuais. Pela sexualidade, o demônio pode apropriar-se do corpo e da alma dos seres humanos; d) as mulheres estão ligadas a sexualidades e tornam-se agentes do demônio; e) a maior característica é copular com o demônio; f) obtida a intimidade, as feiticeiras são capazes de desencadear todos os males. Essas eram as teses centrais do *Malleus maleficarum*.

Assim, os demônios utilizam-se do corpo da pessoa possuída. "As bruxas, pelos poderes do diabo, transformam os seres humanos em fera – sendo essa a sua principal forma de transmutação" (Muraro, 2020, p. 333).

Como se vê, toda perseguição foi fruto de emoções descontroladas. Imaginava-se que as bruxas estavam possuídas por Satanás, que pisoteavam o crucifixo, cozinhando e comendo crianças e praticando atos sexuais com o demônio. Situações abomináveis que serviam de instrumento para despertar o ódio coletivo e a entrega das pessoas à Inquisição.

Como diz Jacques Le Goff (2008, p. 196), "na origem, entretanto, é verdade: o Diabo é uma criação do cristianismo".

O que o diabo significa? A raiz de tudo que é mau, a violência, os conflitos internos, os desencontros. Enfim, é o reino do mal. São as emoções negativas e ruins.

Adveio, em seguida, forte reação contrária ao uso e abuso desmedido das emoções perversas. Sobreveio o uso da razão, o Iluminismo.

15.6 DESCARTES

Descartes é considerado o pai da filosofia moderna com a descoberta do *eu*. O *cogito ergo sum* de seu *Discurso sobre o método* (1637) colocou a filosofia em termos subjetivos e lançou a base do racionalismo, que seria a única fonte do conhecimento. Nada obstante, analisa "as paixões da alma", em que busca compreender os sentimentos. Separa a alma do corpo (artigo 2). E afirma que

> [...] devemos pensar que aquilo que nela é uma paixão é comumente nele uma ação, de modo que não existe melhor caminho para chegar ao conhecimento de nossas paixões do que examinar a diferença que há entre a alma e o corpo, a fim de saber a qual dos dois se deve atribuir cada uma das funções que existem em nós (Descartes, 2012, p. 32).

Assim, quem pensa é a alma. O corpo apenas reage. O corpo não pensa (artigo 4).

Ele separa na alma dois gêneros: ações e paixões. As primeiras são todas as vontades. As paixões são: "todas as espécies de percepções ou conhecimentos existentes em nós, porque muitas vezes não é nossa alma que as faz tais como são e porque sempre as recebe das coisas por elas apresentadas" (artigo 17). Na segunda parte do texto passa a analisar as causas e as paixões individualmente (artigos 53 e seguintes). No entanto haveria seis paixões primitivas: admiração, amor, ódio, desejo, alegria e tristeza (artigo 69).

Em suma, o autor peca por separar alma e corpo e entendê-la como emanação metafísica, e não como mente. Ademais, a análise individual de cada paixão padece de cientificidade. Primeiro, por localizar seus movimentos na glândula pineal. Segundo, por racionalizar suas reações. Mas deixemos observações críticas para momento mais apropriado. A intenção, por ora, é expor seus conceitos.

15.7 SPINOZA

Baruch de Spinoza merece um estudo à parte. Faremos algumas notas para realçar seu pensamento sobre os afetos, longe de esgotarmos o assunto. Esse autor tem que ser lido e relido para ser bem compreendido. No prefácio de sua *Ética* afirma: "Os que escreveram sobre os afetos e o modo de vida dos homens parecem, em sua maioria, ter tratado não de coisas naturais, que seguem as leis comuns da natureza, mas de coisas que estão fora dela" (Spinoza, 2009, p. 97). Ninguém tentou explicar os afetos por suas causas primeiras. "A natureza é sempre a mesma, e uma só e a mesma, em toda parte, sua virtude e potência de agir" (p. 98).

Por *afeto* "compreendo as afecções do corpo pelas quais sua potência de agir é aumentada ou diminuída, estimulada ou refreada e, ao mesmo tempo, as ideias dessas afecções" (Spinoza, 2009, p. 98). O ser humano é tocado pelo mundo e por tudo que o rodeia, então reage naturalmente.

Em momento posterior de sua obra, o autor define os afetos. "O desejo é a própria essência do homem, enquanto esta é concebida como determinada, em virtude de uma dada afecção qualquer de si própria, a agir de alguma maneira". "Alegria é a passagem do homem de uma perfeição menor para uma maior" e "a tristeza é a passagem do homem de uma perfeição maior para uma menor" (Spinoza, 2009, p. 140-141).

Na quarta parte de seu livro, o autor analisa a força dos afetos. O *conatus*, ou seja, o desejo da vida, é o que move o ser humano. Existem afetos ruins e bons. A luta do ser humano é desfazer-se dos ruins e acolher os bons. Assim, será livre, pois "a servidão é a impotência humana para regular e refrear os afetos" (Spinoza, 2009, p. 155).

O autor efetuou estudo completo das afecções, definindo-as, e deixou obra notável para estudo posterior. Não há como pensar nas emoções sem passar pela obra de Spinoza. Mestre maior.

Há grande diferença entre a obra de Descartes e a de Spinoza. O primeiro acredita que o ser humano tem dois pontos: corpo e alma; esta é transcendente. O segundo entende que alma e corpo são da mesma matéria. A alma passa a ter o nome de mente, que reage juntamente ao corpo. No percurso da análise dos autores surge a Idade Média e a perseguição religiosa.

15.8 ESCLARECIMENTO OU ILUMINISMO

> Esclarecimento é a saída do homem de sua menoridade, da qual ele próprio é culpado. A menoridade é a incapacidade de fazer uso de seu entendimento sem a direção de outro indivíduo. O homem é o próprio culpado dessa menoridade se a causa dela não se encontra na falta de entendimento, mas na falta de decisão e coragem de servir-se a si mesmo sem a direção de outro. *Sapere aude!* (Kant, 2012, p. 63).

O Esclarecimento (Iluminismo) significa a coragem de fazer uso do entendimento para compreender as coisas e agir. Diante do "não pense, porque tudo já foi pensado" e do "siga os ditames daquilo que os homens da lei e da religião já decidiram como é", deve o ser humano, então, deixar de lado o que lhe é imposto pela religião e pelo Estado e pensar por si próprio. É utilizar a razão para compreender o mundo.

Como diz Steven Pinker (2018, p. 26),

> [...] os pensadores do Iluminismo, provocados por contestações da ciência e da exploração à sabedoria convencional, informados sobre o banho de sangue das guerras religiosas recentes e apoiados na facilidade de movimentação de ideais e pessoas, buscaram uma nova compreensão da condição humana.

A coluna vertebral do Iluminismo é a razão. O mundo não pode ser compreendido por outro meio que não o uso da razão. É ela quem nos dá o rumo, quem nos faz entender os assuntos do dia a dia. Vai de encontro com a religiosidade que predominava na época. O pensamento racional leva-nos a repudiar a crença em um Deus antropomórfico que resolve os assuntos humanos. Dá prevalência ao entendimento científico, e não a xamanismo ou curas alternativas. Busca entendimento para os fenômenos da natureza.

De outro lado, a ideia da existência de uma natureza humana universal significa que o homem passa a ser o centro do universo. O humanismo desponta e busca o bem-estar do homem, sua supremacia em relação à natureza, e surge o sentimento de solidariedade. Somos todos do mesmo mundo. A partir daí repudiam-se a escravidão, o despotismo, execuções sem processos garantidos pela lei, qualquer tipo de degradação do ser humano.

O progresso passa a fazer parte das conquistas para prestigiar o ser humano. A sociedade deve mecanizar-se, criar novos instrumentos que auxiliem a vida, as máquinas passam a ser importantes para aliviá-la.

O Estado não pode ser absoluto. "O primado da lei é um componente distinto da ordem política que impõe limitações ao poder de um Estado" (Fukuyama, 2000, p. 274). Daí surgem os grandes nomes do Iluminismo, como Diderot, Voltaire, Kant, Montesquieu. Cesare Beccaria busca a humanização das penas criminais para que o criminoso tenha garantido o devido processo legal e que a punição não seja de morte.

Do Iluminismo resulta a independência dos Estados Unidos, que garante que os governos são instituídos pelo povo para assegurar o direito à vida, à liberdade e à felicidade. De todas as conquistas da razão, a maior é a busca incessante da paz. Somente pelo uso da razão é que se pode ter uma sociedade globalizada e sem conflitos.

Em suma, o ser humano passa a privilegiar o que o distingue dos animais – o fogo roubado do Olimpo por Prometeu. A razão é que dá a diferença. Daí a importância do chamado de Kant, de que é importante saber ousar, ou seja, usar a razão para distinguirmo-nos dos animais e, assim, criar um mundo mais prazeroso para o ser humano, valer-nos das conquistas científicas e técnicas para melhorar a vida de todos.

Nasce, daí, o confronto com os sentimentos, os afetos e as afecções. Vivemos em contato com o mundo, que nos atinge a todo instante. Assim também os seres humanos que conosco convivem, na família, no emprego, nos amores, nos condomínios, nas atividades diárias, no transporte. É normal que haja o conflito entre o eu e o outro.

Quem comanda, então, o acerto e os acordos que daí surgem? Os sentimentos ou a razão? A análise desse confronto é o que nos interessa.

15.9 DARWIN E WILLIAM JAMES

No livro *A expressão das emoções no homem e nos animais*, Charles Darwin assegura que as emoções em ambos surgem quando o cérebro e o sistema nervoso reagem diante de algo que suscita trocas no corpo. Algumas reações são instintivas.

O texto de William James, de 1884, intitulado "O que é uma emoção" encontra-se em *Clínica e Cultura* (2013). No início, ele esclarece que limita sua pesquisa a emoções "que têm uma expressão corporal distinta" (p. 95). São prazer, desprazer, interesse e entusiasmo, ligados às operações mentais. E prossegue dizendo que

> [...] as alterações corporais são tidas como sendo a manifestação dessas várias emoções, a sua expressão ou linguagem natural e essas mesmas emoções, sendo tão fortemente caracterizadas tanto como vindo de dentro e de fora, podem ser chamadas de emoções padrão (p. 97).

Segundo sua tese, "as mudanças corporais seguem diretamente a percepção do fato excitante, e [...] nossa percepção dessas mesmas mudanças ocorre assim que elas acontecem. É a emoção" (James, 2013, p. 98), a mudança de respiração diante de provocações do mundo. Ele sustenta, assim, existir a prioridade dos sintomas corporais em relação à emoção sentida.

O trabalho de William James despertou grande curiosidade no mundo intelectual de então. Foi estudado e debatido e até hoje é referência para quem estuda as emoções (James, 1979).

15.10 FREUD

Afirma Freud que "o que decide o propósito da vida é simplesmente o programa do princípio do prazer. Esse princípio domina o funcionamento do aparelho psíquico desde o início" (1996, p. 84). Há busca constante de prazer e rejeição da infelicidade.

Ocorre que no interior do indivíduo há uma luta permanente entre o *id,* que é o recôndito da mente, o *ego,* que se relaciona com o todo social, e o *superego,* que é o social ou o meio em que se vive. Há um conflito entre os três. "A tensão entre o severo superego e o ego, que a ele se acha sujeito, é por nós chamada de sentimento de culpa" (Freud, 1996, p. 127). O desarme dos instintos ocorre por meio da civilização, que impõe comportamentos e aplica sanções. "O sentimento de culpa é, claramente, apenas um medo da perda de amor, uma ansiedade social" (Freud, 1996, p. 128).

O ser humano, então, renuncia aos instintos ou busca controlá-los. "Em primeiro lugar, vem a renúncia ao instinto, devido ao medo de agressão por parte da autoridade *externa* [...] Depois vem a organização de uma autoridade *interna* e a renúncia ao instinto devido ao medo dela, ou seja, devido ao medo da consciência" (Freud, 1996, p. 131).

Assim é que Freud enfrenta o problema das emoções (*trieb* – instinto). Em nosso interior nasce a agressividade, que deve ser reprimida para possibilitar a vida em comunhão. É o *ego* que tem tal função. Ocorre que a repressão dos instintos pode gerar sérios problemas psíquicos.

Ao interpretar filosoficamente o pensamento de Freud, Herbert Marcuse (2009, p. 47) afirma que as principais camadas da estrutura mental são o id, o ego e o superego. O id é "o domínio do inconsciente, dos instintos primários". Está alheio à realidade e ao mundo circundante. "Sob a influência do mundo externo (o meio), uma parte do id, a que está equipada com os órgãos para a recepção e proteção contra os estímulos, desenvolve-se gradualmente até formar o ego" (p. 47). "Assim, o ego tem a tarefa de representar o mundo externo para o id, e portanto, de o proteger" (Marcuse, 2009, p. 47). E prossegue o autor: "Ao cumprir a sua missão, o principal papel do ego é coordenar, alterar, organizar e controlar os impulsos instintivos do id, de modo a reduzir ao mínimo os conflitos com a realidade" (p. 48).

A partir daí, o problema é do superego. Primeiro os pais, depois a sociedade, vão impondo poderosamente as restrições externas de forma a conter o ego. É assim que os conflitos surgem e desaparecem ou se enraízam na pessoa.

15.11 SCHOPENHAUER

O autor escreveu notável livro, *O mundo como vontade e representação* (2005), em que ele, após estudar o mundo como representação, fala sobre vontade. Schopenhauer (p. 357) define-a como: "um ímpeto cego e irresistível – como vemos aparecer na natureza inorgânica e na natureza vegetal, assim como na parte vegetativa de nossa própria vida. É a coisa em si. É a própria substância do ser humano".
"A vontade, como coisa-em-si, está tão pouco submetida ao princípio da razão quanto o sujeito do conhecimento, que definitivamente, numa certa perspectiva, é a Vontade mesma ou sua exteriorização" (Schopenhauer, 2005, p. 363).
Para o autor, tudo gira em torno da vontade, que é a própria essência do ser humano.

15.12 DAVID HUME

No livro 2 de seu *Tratado da natureza humana* (2009), o autor divide as *percepções* em impressões originárias (sensação) e secundárias (paixões violentas e calmas, ao lado das ideias). Hume trata das paixões em livros separados. Na parte 1 do Livro 2, que cuida das paixões, trata do orgulho e da humildade; na parte 2, do amor e do ódio; na parte 3, da vontade e das paixões diretas.

Entende Hume (2009, p. 451) que "a razão é, e deve ser, apenas a escrava das paixões". Uma paixão é a modificação da existência. Paixão não se confunde com razão, que é a descoberta da verdade ou da falsidade.

É muito comum em filosofia e em todos os ramos do conhecimento falar no embate entre razão e emoção. Para Hume (2009), a razão sozinha não pode ser motivo para uma ação da vontade e nunca poderia se opor à paixão na direção da vontade.

15.13 ADAM SMITH

Outro autor que se preocupou com o estudo das paixões foi Adam Smith (2002). Ele estuda as paixões que se originam do corpo. "No domínio dos apetites do corpo consiste a virtude adequadamente chamada de temperança" (p. 31); outras se originam da imaginação. A "paixão parece a todos, menos para o homem que a sente, inteiramente desproporcional com o valor do objeto" (p. 35).

Ele fala das paixões insociáveis – o ódio e o ressentimento, com todas as alterações. E das sociáveis – generosidade, humanidades, bondade, compaixão, amizade e estima recíproca.

Em suma, ele dá importância ao estudo individual sem se preocupar em classificar ou apontar uma definição ou mesmo uma concepção abstrata do que entende por sentimentos.

15.14 SARTRE

Em seu livro *Esboço para uma teoria das emoções* (2009), o autor e filósofo francês diz que a emoção "é uma transformação do mundo"

(p. 63) e que o importante é lidar com o fato significativo, e não com o empírico. A "emoção significa, *à sua maneira*", o todo da consciência ou, se nos colocarmos no plano existencial, da realidade-humana" (p. 26), ela é "uma forma organizada da existência humana" (p. 27).

O autor não nos fornece muitas informações sobre o *sentido* da emoção, sua análise fica na identificação de algumas emoções como a "tristeza ativa" (p. 70), a alegria, que vê como conduta mágica (p. 72) "que tende a realizar por encantamento a posse do objeto desejado como totalidade instantânea". Rejeita a ideia de apenas quatro emoções. Há muito mais e cuida do medo (p. 74) e afirma que a verdadeira emoção "é acompanhada de crença" (p. 75).

Assim, afirma, " a origem da emoção é uma degradação espontânea e vivida da consciência diante do mundo" (p. 79).

Não creio que o autor logrou elaborar uma teoria sobre as emoções, mas forneceu importantes aspectos para sua análise.

16 ALGUNS AFETOS. DESEJO. ALEGRIA E TRISTEZA. IRA E VERGONHA. O MEDO

Spinoza (2009, p. 98) foi quem melhor identificou e tipificou cada um dos afetos, que ele define como "as afecções do corpo, pelas quais sua potência de agir é aumentada ou diminuída, estimulada ou refreada, e, ao mesmo tempo, as ideias dessas afecções".

Nosso corpo e mente estão em constante contato com os outros e com o mundo que nos afeta. A cada instante não somos mais os mesmos. Ao recebermos boas notícias e bons contatos, nosso desejo pela vida aumenta; ao contrário, se recebermos más notícias e maus contatos, nosso desejo diminui. Não é preciso ser grande sábio para saber disso. Diante do contato, a reação ocorre para o bem ou para o mal. Dependendo de qual seja, respondemos com carinho, compreensão, respeito, simpatia e amor. São reações positivas. De outro lado, se o contato for ruim, nossa reação será de ira, vergonha, ódio, repulsa.

Na sequência, Spinoza começa a definir os afetos. O "*desejo* é a própria essência do homem, enquanto esta é concebida como determinada, em virtude de uma dada afecção qualquer de si própria, a agir de alguma maneira" (2009, p. 140); a *alegria* "é a passagem do homem de uma perfeição menor para uma maior", enquanto a *tristeza* "é a passagem do homem de uma perfeição maior para uma menor" (2009, p. 141). Alegria e tristeza são dependentes de como o mundo afeta o ser humano. Daí ele reage, positiva ou negativamente.

Na terceira parte de *Ética,* Spinoza faz uma análise de diversas emoções que atingem o ser humano.

Já Sêneca afirma que a ira foi criada para "destruição mútua" (2014, p. 96) e prossegue dizendo que a ira "é ávida de castigo, e residir esse desejo no peito tão afável do homem não está de modo algum em conformidade com sua natureza" (p. 96).

A ira foi bem retratada na *Ilíada*, de Homero, em que se identifica com o personagem Aquiles.

Spinoza continua sua análise afirmando que a "ira não é natural" (2009, p. 98) e que alguns acham melhor "moderar a ira [...], desprezar de imediato o primeiro irritamento da ira" (p. 99).

Falando sobre as paixões, Sêneca (2014) afirma que elas "são tão ruins como servas quanto como guias" (p. 101) e que "a paixão é útil se moderada", ou melhor, que "ela é útil se baseada na natureza". Para ele, a "ira é um delito da alma" (p. 106) e "a iracúndia não medita nada de amplo e de belo" (p. 112).

Esse autor rejeita todas as formas da ira e conclui: "somente a virtude é sublime e elevada, e nada é grandioso ao mesmo tempo se não for sereno" (2014, p. 114). Ainda, menciona inúmeros grandes homens que foram movidos pela ira e nunca se deram bem. "A ira é aquela que transpõe a razão, que a arrebata consigo" (Sêneca, 2014, p. 117).

Em suma, Sêneca fornece dados para que a ira possa ser controlada e entusiasma o uso da ponderação.

Homero retratou a ira de Aquiles na notável *Ilíada*.

Richard Firth-Godbehere fez interessante estudo sobre a vergonha e afirma que se trata "de uma emoção social que nos permite saber quando cruzamos um limite moral" (2022, p. 191). Em *O crisântemo e a espada* (1946), Ruth Benedict descreveu o Japão como a cultura da vergonha. Posteriormente, ele analisa a ira e afirma que, "da perspectiva neurocientífica, ela estimula a amígdala e várias outras áreas do cérebro relacionadas com o medo" (1946, p. 211). E continua dizendo que cuidar de "um sistema integrado pela amídala, o hipotálamo e a substância cinzenta periaquedutal (conjunto de neurônios) parece controlar nossa agressão reativa que, como podes imaginar, é a agressão que se produz como reação a algo" (p. 211).

Tanto a vergonha como a ira são emoções sociais, isto é, sempre têm um destinatário.

Como diz Spinoza (2009, p. 148), "a vergonha é uma tristeza acompanhada da ideia de alguma ação nossa que imaginamos ser desaprovada pelos outros", e o medo "é uma tristeza instável, surgida da ideia de uma coisa futura ou passada, cuja realização temos alguma dúvida" (p. 144). O medo é inibidor de más ações. Se temos medo de sermos apanhados em algum movimento negativo, não agimos; se temos a esperança de não sermos descobertos, agimos.

Daí a previsão das sanções jurídicas que servem de advertência para o indivíduo não agir se tem consciência de que não deve praticar o fato punível. A todo comportamento infracional corresponde uma sanção. É a resposta dada à conduta contrária à obrigatória ou proibida.

16.1 O MAL

Muito se discute na religião se o mal foi criado por Deus. A polêmica parece ociosa e inútil. Serve para estudos teológicos. Aqui, basta afirmar que o mal existe no meio dos seres humanos e que significa querer infligir a alguém um dano (físico ou mental). Diz Paul Ricoeur que "*le mal est inscrit au coeur du sujet humain*"[13] (2004, p. 14). Na religião é o pecado; aqui é fato decorrente da ação humana.

O melhor dos mundos seria a presença da pureza e a ausência do mal (Voltaire e Leibniz), porém não vem ao caso indagar de onde vem o mal, mas de onde vem o mal que nos fazem.

Nesse sentido, a decisão judicial nunca pode ser um mal, salvo se inconstitucional ou aplicada dolosamente pelo juiz. A sanção prevista em lei é uma reação contra o ato antijurídico praticado pelo infrator. Se agiu contra a lei deve sofrer as consequências que ela prevê. Como bem diz Paul Ricoeur (2004, p. 58), "todo mal cometido por alguém é mal sofrido por outro. Fazer o mal é fazer sofrer o outro".

O mal foi amplamente analisado por Hannah Arendt ao estudar o julgamento de Adolf Eichmann, abordando a "banalidade do mal" (2010, p. 160). Ela afirma: "o maior mal não é radical, não possui raízes e, por não ter raízes, não tem limitações, pode chegar a extremos impensáveis e dominar o mundo todo" (p. 160). Os horrores do nazismo com o genocídio judaico e a mortandade de ciganos, homossexuais e deficientes dão bem a imagem do que ela denomina de *mal*.

O mal está no mundo, é próprio da natureza humana, como os cavalos de Platão na alegoria do cocheiro. Alma irascível que busca superar a racional (Platão, 2007).

16.2 PERDÃO

A prática do mal deflagra a luta na consciência das pessoas para aplicar sanções ou perdoar os que o praticam. À ofensa segue-se a

---

[13] Do francês, "a maldade está inscrita no coração do sujeito humano".

tentativa de amigos, parentes e familiares de reconciliar os dissidentes. O sofrimento das vítimas não pode ser medido.

O cristianismo é a religião do perdão. No Direito, o juiz tenta a reconciliação para evitar todos os males. Quando consegue a conciliação, as partes saem apaziguadas (não necessariamente satisfeitas). Melhor do que a decisão em que sempre um é condenado (ou perde a causa) e outro é absolvido (ou ganha a causa), a conciliação dá a sensação de que ambos saíram ganhando ou, ao menos, saíram satisfeitos.

O perdão acalma os sentimentos.

16.3 AMOR

Podemos invejar Camões (2016, p. 16) quando ele descreve o amor como

> [...] um fogo que arde sem se ver; é ferida que dói e não se sente; é um contentamento descontente; é dor que desatina sem doer [...] É um não querer mais que bem querer; é um andar solitário entre a gente; é nunca contentar-se de contente; é um cuidar que ganha em se perder.

Uma das melhores explanações sobre o que é o amor foi feita por Platão (2010) em *O Banquete*. Aristófanes faz um discurso em que diz que os seres existentes eram roliços, andróginos e ambicionavam chegar ao Olimpo, amontoando-se. Zeus cortou-os ao meio, surgindo, assim, o sentimento da falta, e a parte erradicada passa a vida buscando a outra.

Zeus fez a alteração das genitálias. Assim sendo, "o anseio e a busca por essa integridade é o que chamamos de amor" (Platão 2010, p. 62).

Sócrates fala pela boca de Diotima e relata que Eros nasceu da relação de Pênia e Poros. Todos os deuses foram convidados para uma festa em homenagem ao nascimento de Afrodite. Pênia (penúria) foi excluída. Assim, o amor nasce da penúria. Eros ama coisas belas (204d) e o desejo contido no amor é por coisas boas (204e) e a busca da felicidade (205a). Assim, o "amor deseja que o bem lhe pertença para sempre" (206a). A consequência se dirige, então, à eternidade (207a). Isso não é possível. Por consequência, o amor é carência e falta. O amor é a ausência do ser querido.

Ovídio versou sobre a arte de amar e o poeta Louis Aragon disse que o amor não tem palavras (1963). A psicologia e a neurociência definem-no pela libido. Casamentos são anulados porque não houve o intercurso sexual. Há o compromisso de fidelidade. Excessos carnais são vedados, podendo caracterizar infração à lealdade entre os cônjuges. Como diz Hania Kassoul (2015, p. 129), "a liberdade de amar existe pelo direito de amar, de não amar ou de não mais amar. O consentimento livre é uma condição da realização do amor". Ela dá o exemplo do amor entre Romeu e Julieta na Verona de Shakespeare.

Como disse Balzac (1855, p. 132) "é mais fácil ser amante que marido, pelo fato de que é mais difícil ser espirituoso todos os dias em vez de dizer coisas belas de tempo em tempo" (*Physiologie du mariage*, Instruction XLIX).

Um grande exemplo de amor na literatura está encarnado em *Werther*,[14] de Goethe (s.d.). Acompanhando a literatura, podemos identificar a bondade em *O idiota*, de Dostoievsky (1962), ao lidar com o príncipe Míchkin.

O Direito empreende verdadeira luta contra o que a sociedade e a religião entendem por *comportamentos desviantes*. A religião impõe aos legisladores e são editadas leis que punem o que se rotula de desvio de conduta. É o amor que dirige o legislador. É o caso de Otelo, que assassina Desdêmona. São os crimes praticados pelo "*l'orgueil du pénis ofendue*"[15].

---

14   Os sofrimentos do jovem Werther.
15   Do francês, "o orgulho do pênis ofendido".

17 AS EMOÇÕES E A INTELIGÊNCIA ARTIFICIAL (IA)

O mundo passa por nova fase de grandes transformações e chegamos ao limiar de um admirável mundo novo. A tecnologia assombra-nos. Vieram computadores, celulares e mídia que deles utilizam-se. Uma nova linguagem surge para identificar os novos aparelhos. Modelos de linguagem, como o ChatGPT, preparam discursos, falas e diálogos dos humanos e surgem como inovações. É verdade que eles compreendem a linguagem de uma frase, mas não a significação semântica das palavras. É matriz desencarnada de comunicação.

Alguns pretendem mesmo instituir uma pessoa jurídica para o ChatGPT. A inteligência artificial não pode ser elevada a tal categoria.

Estamos à beira de concretizar o romance *1984*, de George Orwell, no sentido de que teremos o controle de todos os nossos passos por gigantes da IA. Em termos de discurso distópico, aproximamo-nos de *O processo*, de Kafka. Vasto sistema burocrático que não compreendemos. Alan Turing não chegou a admitir que as máquinas pudessem pensar. Elas respondem aos estímulos que lhes damos.

Daí a pergunta: o pensamento humano é codificável? A IA é projetada para executar tarefas precisas, como jogar xadrez. À máquina são dadas todas as possibilidades do jogo e ela corresponde a isso, o que não significa que o pensamento está codificado. A inteligência humana realiza não apenas isso, mas outras tarefas mais complexas. A IA está, por ora, impossibilitada de problematizar. Ela resolve problemas abstratos.

Mesmo o *deep learning* ainda não realiza determinados trabalhos e não fornece soluções concretas.

Certo é que o uso de tais máquinas novas pode envolver problemas éticos delicados, como a invasão da esfera privada dos indivíduos. Podemos pensar em termos de utilitarismo e, então, adotá-las para inúmeras soluções. A robotização pode ser extremamente útil no campo da medicina e tem sido muito utilizada em cirurgias à distância e mesmo na diagnose e na anamnese de pacientes.

A superinteligência advém de suplantar todos os indivíduos humanos nos domínios cognitivos. Mesmo assim não se pode admitir nela a *consciência*.

Feita explanação introdutória ao tema, busquemos alguma resposta para o que nos interessa. Uma máquina pode ter emoções? Ela executa apenas operações precisas e predeterminadas. Não tem sentimentos como ódio, amor, revolta e carinho. Ela não raciocina. Ela cumpre tarefas que lhe são dadas.

É clara a advertência de Darwin e de William James: as emoções são reações que decorrem do cérebro e do sistema nervoso, que reage a provocações externas ou internas, suscitando respostas do corpo. Podemos entender as emoções como respostas a tudo que desperta uma reação do corpo. Se é isso, a máquina não pode ter emoções. Podemos dialogar com elas e receber respostas padronizadas.

Eventualmente, até podem ensaiar uma reação a determinada provocação, mas não poderão expressar sentimentos humanos.

Mais recentemente fala-se em *erobótica,* isto é, o despertar de reações eróticas com robôs. Seria o que podemos rotular de tecnossexualidade. É o encontro da pornografia na realidade virtual. Não se trata de bonecas infláveis, mas de relação erótica com a máquina. A relação sexual pressupõe a reação emotiva. Nesse passo, interessante é nos recordamos da lenda de Pigmalião, um escultor que se apaixonou por sua estátua, tão bela que ela ficou. Afrodite, apiedando-se do escultor, atendeu ao seu pedido de transformar a estátua em uma mulher. Assim foi feito, eles casaram-se e tiveram uma filha chamada Pafos. Michelangelo quis que seu Moisés falasse, de tão perfeito que era.

Assim formulam-se as lendas e os sonhos. Agora, as coisas se passam em universo virtual. Sabe-se lá o que nos reserva o mundo novo. Qual a consequência disso para o Direito? Se lograrmos eliminar as emoções e passarmos a ser dominados por máquinas, podemos pensar em algumas alterações sobre a influência do sentimento e do Direito. É que as máquinas não pensam. Quem as faz funcionar, por mais perfeitas que fiquem, são os homens, e elas podem chegar a resultados diversos dos que habitualmente eles programam. As máquinas não pensam de maneira originária. Elas são alimentadas pelo ser humano.

Ainda não é possível compreender exatamente todo o universo robotizado vindouro. O Direito poderá sentir seus efeitos.

18
UMA VOLTA ÀS RELIGIÕES

A crença no transcendente faz aflorar os sentimentos humanos. O medo do que possa existir depois da morte cria fantasias de toda ordem. Acreditar em um ente supra-humano e todo poderoso que conduz nossas ações e pode punir-nos, seja durante a vida, seja após a morte, faz surgir no inconsciente toda sorte de temores.

A inteligência tem a função ordenadora do mundo. Não conseguimos sobreviver no caos. É importante, então, que nossa inteligência, de alguma forma, ordene o mundo para que possamos compreendê-lo.

De outro lado, as emoções sugerem a existência de mitos. "O mito é considerado uma história sagrada e, portanto, uma história verdadeira, porque sempre se refere a *realidades*" (Eliade, 2011, p. 12). O homem necessita dos mitos para compreender sua realidade.

Quando não a compreende, busca explicações em outra realidade, que é a transcendental. Ele tem que ter uma justificativa plausível para compreender-se, para encontrar seu lugar no mundo. Daí a busca do sobrenatural. Como o ser humano, em sua generalidade, não tem os instrumentos para a compreensão de tudo, vale-se de "intermediários" que traduzem suas ansiedades. Daí surgem padres, xamãs, pastores e místicos de toda ordem, que por terem lido alguma coisa "tapeiam" os crentes com explicações as mais disparatadas.

Como seres de "elevado conhecimento" dão interpretações para os escritos "sagrados", moldando-os ao seu dispor. Daí o surgimento das grandes crenças que preponderam no mundo. Todas, sem exceção, estão alicerçadas em misticismo sobrenatural.

Os "intérpretes" dos textos ditos "sagrados" adquirem, então, espaço sobranceiro nas sociedades. Iludem a maioria da população com suas "interpretações" e, por "manterem contato" com a divindade, traduzem sua "vontade".

Sem dúvida, as religiões têm poderoso conteúdo repressivo dos desvios de comportamento. Por estabelecerem rígidos padrões éticos calcados na crença de que o "divino" assim orientou, os pastores, os xamãs, os padres (e todo o escalonamento eclesiástico), os rabinos passam a ser respeitados porque é neles que a "divindade" confia, fazendo-os intérpretes de suas ordens e determinações. Sendo assim, logram manter respeitabilidade no seio da sociedade. Eles aplicam as sanções aos "pecados" e detêm, inclusive, o poder de perdoar, claro, tudo em "nome da divindade".

As religiões, então, constituem o centro neural do plexo de emoções de toda ordem. Amor e ódio confundem-se. A "ira" do "Senhor" ou dos deuses já foi invocada na história das religiões.

Em suma, os sentimentos religiosos são poderosos instrumentos do afloramento de sentimentos os mais diversos. A manipulação dos sentimentos e dos vínculos com a divindade é terrível. Freud (1969, p. 40) afirma que podemos "chamar uma crença de ilusão quando uma realização de desejo constitui fator proeminente em sua motivação e, assim procedendo, desprezamos suas relações com a realidade, tal como a própria ilusão não dá valor à verificação".

Voltando à análise das religiões, ele afirma que "podemos agora repetir que todas elas são ilusões e insuscetíveis de prova" (Freud, 1969, p. 40). Em seguida, assevera: "a religião seria a neurose obsessiva universal da humanidade" (Freud, 1969, p. 52). Ela impõe-nos uma servidão.

No prólogo de *Assim falou Zaratustra* (2011, p. 13), Nietzsche anuncia ao velho da floresta que Deus está morto e afirma que "uma vez a ofensa a Deus era a maior das ofensas, mas Deus morreu" (p. 14). Quando Zaratustra chega ao mercado, anuncia a morte de Deus. Em outro texto, *O anticristo* (2007), propõe uma *transvaloração de todos os valores* e escreve verdadeira catilinária contra o cristianismo.

Em suma, qualquer que seja a religião, ela contém o germe da dominação do "rebanho", ou seja, promessas de salvação e sujeição de todos os fiéis à pregação do sacerdote, seja qual denominação tenha, sem prejuízo da cobrança do dízimo, que sustenta o luxo dos mesmos pregadores.

A melhor apreciação foi dada por Baruch de Spinoza. Ele entende que Deus é a natureza e esta é substância. Não há transcendente, não há outro mundo, não há Deus antropomorfo, não há além. Nem alma. O ser humano é corpo e mente, tudo matéria.

19 SEQUÊNCIA DE IDEIAS. DIREITO E EMOÇÕES

Há poucos trabalhos sobre a conexão Direito-emoções. Recentemente, alguns têm surgido, especialmente nos Estados Unidos. Os filósofos estão dando a partida. Terry A. Maroney, professora da Universidade Vanderbilt, alude a alguns estudiosos da área – Bandes (1999b), Hides (1992) e Posner (2001).

Em seu texto *Direito e emoção: proposta de taxonomia de um campo emergente*, publicado na revista dos estudantes de Direito da Universidade de Brasília (2021), algumas dificuldades antepõem-se: "é que razão e emoção são elementos completamente distintos; pertencem a esferas separadas da existência humana" (Maroney, 2021, p. 5).

> Esse desenvolvimento é talvez pouco surpreendente. Nas últimas décadas, não apenas o Direito se tornou muito mais receptivo a *insights* de outras disciplinas como essas disciplinas começaram a se

envolver em maior medida com questões de definição e compreensão das emoções humana.

Resulta que "a união de influências de diversas disciplinas tornou possível explorar deliberadamente a complexa relação entre a emoção e o Direito" (Maroney, 2021, p. 9). Os autores elegem diversas emoções e logram inseri-las no estudo do Direito, tais como o medo, o nojo, a vergonha e a esperança. A análise subjetiva do comportamento criminoso é ressaltada – a presença do dolo, a culpa revelada em atos do Direito civil, tal como a malícia em certas práticas, a ocultação da vontade. O dolo como a vontade livre e consciente de praticar o ato punido pelas leis civil e penal revela a importância da apreciação do elemento subjetivo nesses dois ramos do Direito.

Em *Equity and mercy* (Nussbaum, 1993), a autora faz interessante análise, remontando aos gregos e aos romanos, sobre as emoções nas decisões judiciais. Afirma que não se pode separar a equidade da regra de lei. O juiz deve ter presente o que o infrator enfrenta, como membro da cultura, da cidade e, acima de tudo, do gênero humano, e que a misericórdia faz parte das atitudes de retribuição. E pondera, em seguida, que o ser humano deve ser tratado como fim, e não como meio (p. 113).

Em suma, a autora aceita a interferência das emoções no Direito, embora cuide apenas da aplicação da lei, e analisa, no final de seu texto, um caso de júri (Califórnia vs. Brown). Fica a autora no âmbito criminal, mas já se viu que as emoções misturam-se com o Direito em todos seus segmentos.

Desnecessário mencionar cada ramo do Direito para ver a importância da análise jurídica emocional dos comportamentos humanos. Impõe-se ressaltar sua presença no Direito internacional, em que as nações jogam com os sentimentos envolvidos. No Direito trabalhista surgem, de um lado, a má-fé do empregador e do empregado ao litigarem por seus direitos. Não é a regra, mas ocorre com frequência a sonegação de informações adequadas de ambos os lados. No Direito financeiro assiste-se à tomada do orçamento por parte do Legislativo e a distribuição de verbas desmesuradas por parte dos parlamentares. Invadem a liberdade de escolha do Executivo, impondo ônus inadequado e subtraindo atribuições próprias desse último órgão de exercício do poder.

Despiciendo ressaltar os problemas éticos e emocionais que envolvem a figura do aborto. Argumentos de lado a lado buscam influenciar as decisões legislativas e jurisdicionais, cada qual impondo argumentos religiosos, éticos e antropológicos.

A situação da mulher no contexto jurídico e social tem sido objeto de inúmeras controvérsias, todas movidas a emoções.

Como anota Terry A. Maroney (2021, p. 33), "a maioria dos estudos da *doutrina jurídica* até o momento tem se concentrado no Direito penal, dando relativamente pouca atenção ao Direito civil e administrativo". É natural que assim seja, porque o campo penal chama mais atenção em face da violência que o caracteriza e o uso de todas as emoções no campo dos crimes. A autora termina seu ensaio afirmando que "estudos de Direito e emoção constituem um espaço excitante e relativamente novo de *insights* e pesquisas interdisciplinares" (2021, p. 35).

Interessante análise fizeram Gabriel Heller e Luís Carlos Martins Alves Jr. em *A toga no divã: uma leitura freudiana do Direito contemporâneo* (2021), ao sustentarem que o STF extrapola suas funções constitucionais criando "mal-estar no Direito" (p. 372).

Caroline Alana Friedrich apresentou dissertação de mestrado à Universidade Federal de Santa Maria, no Rio Grande do Sul, com excelente análise sobre o Direito e as emoções, utilizando lições de Martha Nussbaum. Friedrich afirma (2022, p. 28):

> [...] há uma incompreensão ou mal-entendido em torno de como as emoções podem interagir com o Direito, derivado, em parte, da influência de abordagens positivistas e da própria tradição filosófico-moral que tendeu a rebaixar a afetividade ao lugar da irracionalidade, do "oposto da razão", quando, na verdade, as ciências afetivas e a filosofia tem mostrado que essa separação não tem suporte empírico e conceitual).

Vê-se que os estudos sobre o assunto tomam corpo. Embora tímidos, os avanços são consistentes.

Não estamos, necessariamente, utilizando uma série sequencial dos acontecimentos no relacionamento entre Direito e emoções. Vamos e voltamos. Quase uma prolepse, ou a alteração na ordem dos acontecimentos, antecipando coisas e situações e buscando relacionar os eventos. Podemos invocar *Antígona* no maravilhoso texto de Sófocles, em que os fatos vão se alternando à medida que ela discute com Creonte sobre o enterro ou não de Polinice, como mencionado anteriormente.

Nessa peça é visível o confronto entre o Direito estatal e os princípios humanitários, entre o Direito e as emoções. O trágico enobrece o agente. Isso transfere-se para os órgãos de exercício do poder.

20 OS REFLEXOS NOS ÓRGÃOS DE PODER

Nenhum dos poderes está isento de sofrer os reflexos das emoções. Aliás, é aí que se manifestam com clareza. Investido em parcela do poder do Estado, o ser humano não altera sua situação emotiva. Leva para o exercício de seu cargo ou mandato tudo aquilo que está impregnado em sua essência. Daí que as emoções refletem-se em suas decisões e em seu comportamento.

A decisão é sempre tomada por uma série de influências em qualquer campo. O ser humano é obrigado a tomar decisões ao longo de sua vida, especialmente quando exerce atribuição pública. Não a emoção de espectador, mas de participante dos confrontos políticos. Age, então, não como autômato ou fundamentado no ChatGPT; age como ser humano impregnado de todos os sentimentos humanos.

Façamos breve análise de cada um dos denominados *poderes* do Estado.

20.1 O LEGISLATIVO

Toda ebulição dos países repercute no Poder Legislativo. É aí que se passam as angústias, o jogo do poder, a preponderância, a cobiça, o desejo de suplantar o outro, as disputas permanentes. É angustiante viver em tal ambiente porque não se percebe sinceridade de lado algum. Tudo é disputa por cargos, por emendas, por espaços no interior da estrutura burocrática.

Ao ser eleito o Parlamento, começa a disputa pelos cargos diretivos. Composições, promessas, acertos e compromissos desfeitos; tudo se passa ao início da legislatura. Segue-se a composição da mesa diretora. Todos os partidos que compõem o Congresso já viveram seus conflitos internos na eleição de seus membros. Esse confronto reflete-se na composição dos órgãos diretivos.

Na sequência surgem as indicações dos líderes para as diversas comissões permanentes e temporárias que se instalarão. A partir daí vem o funcionamento repleto de disputas. Isso, a todo instante. A luta pela relatoria de projetos de interesse do governo ou da oposição. A presidência cobiçada. Enfim, é um manifestar permanente de emoções. Tudo ali se vê: inveja, ira, carinho, ódio. O que menos se vê é amor e compreensão.

No mais das vezes, surge a composição dos interesses em conflito para que os projetos possam ter sequência.

Como casa política, é ali que surgem os grandes debates. É o amálgama de todos os interesses. É a divergência que busca a convergência, nem sempre conseguida. Por vezes, entra no jogo uma mão forte para impor decisões e chamar os parlamentares à razão. O medo de perder uma verba e a esperança de obtê-la. É assim o dia a dia dos parlamentares. Luta motivada também pelas emoções.

Diz Olympe Desio (2015, p. 30) que a "inflação da lei é, provavelmente, o fenômeno jurídico mais impregnado pela paixão". Já

Jean Carbonnier (1988, p. 379) diz que há "uma irreprimível pulsão de fazer leis".

Política e emoção estão imbricadas. Na aprovação de projetos de algum interesse para a sociedade são patentes as disputas. Na votação nas comissões surgem problemas que se agudizam quando da votação no Plenário. Compromissos, liberação de verbas, promessas de cargos e, quando não, pagamento pelos votos, com o que se concretiza a corrupção.

Na discussão de qualquer projeto, por mais desinteressante que seja, as disputam afloram. Surgem apartes, discursos, réplicas, tréplicas. Se o projeto disser respeito a aborto, homossexualidade, criminalidade, legalização do consumo de drogas e opioides, além de composição da unidade familiar, que são temas "picantes", as emoções surgem e a excitação dos ânimos vem à flor da pele. A discussão torna-se *irracional*. Não há nenhum projeto que não seja aprovado senão pelas paixões.

Se o analista ignora as emoções em jogo, ele não consegue acompanhar o fluxo dos interesses e suas conclusões ficam fora de contexto.

Casa legislativa é o retrato da sociedade. Os nervos (as emoções) brotam a todo instante. Menor não é sua manifestação no Executivo.

20.2 O EXECUTIVO

Um dos órgãos de poder é eco do outro. Se o governo obteve maioria nas eleições, os parlamentares que a integram acorrem a insinuar-se e a lutar pela ocupação de ministérios e estatais. Digladiam-se na tentativa de preencher espaços vazios. Aliás, o poder não aceita o vazio.

O presidente é o mais pressionado. Necessita de verdadeira couraça de fé e de bom humor para suportar todas as exigências do fogo amigo. São os mais próximos que mais pressionam para conseguirem cargos. Na sequência, aqueles que foram apoiadores. Todos buscam ministérios para alocar seus apaniguados ou eles próprios ocuparem espaços de realce.

Depois, surge o longo tempo de coligações. A cooptação de partidos que originariamente não estiveram juntos nelas. Como não podem ficar sem as benesses do governo porque necessitam de sobrevida, buscam a sedução dos cargos ministeriáveis ou em estatais para alocar os que os compõem.

Cada partido luta pelo seu pedaço de osso. Promessa – dar sustentação às propostas do governo, ainda que sejam contra a sociedade ou que não partilhem de seus interesses. É a subjugação do mandato. É a entrega da dignidade política, quando não, da honra.

A partir daí, os partidos assestam suas miras junto aos estados para também neles terem sua parcela "política". No mais das vezes é para corromper, pressionar inimigos políticos, armar armadilhas, prejudicar. Nunca há a verdadeira busca pelo bem do país. Sobrelevam os interesses pessoais.

Daí a pergunta crucial: como viver com tudo isso e como a nação leva avante suas pretensões de vir a ser um grande país ou continuar a sê-lo? É uma solução complicada porque a política é complicada. O bem comum não se ajusta bem às ambições dos políticos. Apenas como interesse secundário.

Como o Executivo necessita de maioria no Legislativo para aprovar os projetos de seu interesse (ou da sociedade), pode-se imaginar o que "rola" nos "desvãos", nos "escaninhos" e nas "noites" das capitais.

A execução das políticas públicas por setores do Executivo não se vê imune às emoções. A pobreza deve tocar a sensibilidade de chefes do Executivo. Pobres esmolando nas ruas, famintos, sem ter onde realizar suas necessidades fisiológicas, morando em barracos, taperas, sem nenhuma assistência médica e sem acesso a estudos básicos. Se o agente político não se emociona com isso é porque perdeu qualquer sensibilidade.

A alocação de verbas orçamentárias no âmbito do Direito financeiro é ambiente fértil para que a "gula" parlamentar agudize-se. Recursos são disputados freneticamente. Vê-se de modo claro que as verbas não são alocadas tendo em vista o interesse público, mas o individual de algum parlamentar.

Mesmo o Judiciário não fica fora de tais conflitos.

20.3 O JUDICIÁRIO

Este deve ser o último bastião das garantias públicas, coletivas e individuais. Mas nem sempre é assim. O juiz fecha-se em sua redoma, fica distante da população. Não acha que integra o governo, mas é parte integrante dele. A última garantia de todos e dos direitos humanos em jogo passa a envolver-se em política.

Não há Judiciário neutro. Deve ser imparcial, ou seja, não pode querer que uma das partes vença, mas é inevitável que carregue para o processo todas as suas emoções. Sua ideologia, sua religiosidade, tudo se reflete nos julgamentos que profere. Se questionado diz que não, que aplicou a norma como ela está disposta no ordenamento jurídico. Ocorre que ele é o único responsável pela subsunção da norma ao fato (ou vice-versa). Mas, ao fazê-lo, carrega, ainda que não queira, todo o plexo de emoções que está dentro dele.

Ninguém é uma ilha, profetizou John Donne, o poeta inglês; cada homem é uma partícula do continente. Sábio pensamento. O juiz integra a sociedade. É dela parte. Deveria ter com ela um relacionamento quase de osmose. Porém distancia-se dela. O processo de decidir sempre sozinho e de proferir suas decisões sem consulta a ninguém leva-o a distanciar-se de tudo e de todos. Contudo continua sendo um ser vivente em sociedade. Sofre dela todos os seus reflexos. É um ser emotivo e traz para os autos os reflexos dos problemas que enfrenta no dia a dia.

Tudo isso repercute nas decisões que profere. Suas emoções não ficam retidas em seu íntimo. Transfere-as para as decisões. Vê-se claramente que todos os integrantes dos poderes do Estado são influenciados e tangidos pelas paixões que adquirem ao longo da vida. Ninguém a elas fica imune.

Mudanças evidentes são percebidas no Judiciário com a evolução da jurisprudência. A alegação de violenta emoção suscitada pela traição da mulher, que era, no passado, argumento no Tribunal do Júri para embasar absolvição do homem, torna-se vedada por julgamento, que revê o argumento e proíbe-o de ser utilizado.

Alteração de costumes que reflete nas decisões tomadas. Mudam as percepções emotivas da realidade.

Norbert Rouland (2017) invoca a ópera *Cosi fan tutte*, de Mozart: no fim dela, participa o notário, que lê o contrato de casamento. Com isso, Mozart relaciona a ópera ao Direito. O autor afirma: "*il servira de preuve à leurs fiancés pour leur faire avouer leur faute*"[16] (p. 92).

As emoções estão presentes nos poderes do Estado porque o estão também na sociedade.

20.4 O CONFLITO ENTRE OS ÓRGÃOS DE EXERCÍCIO DO PODER

As vaidades não se conformam em ficar retidas sob os rótulos de desembargador, ministro, senador, deputado e presidente. Como já se disse, o poder inadmite vácuo. Os representantes dos poderes

---

16   Do francês, "ele servirá como prova para seus noivos para fazê-los confessar seu erro".

avançam sobre os limites de outros. Surge o que se denomina politização do Judiciário ou judicialização da política.

Em *Federalista* (2015, p. 223) seus autores debruçaram-se sobre a tripartição dos poderes e "deve-se fazer com que a ambição neutralize a ambição". "Quer-se dizer aqui que se espera que a ambição de um dos setores do governo se oponha à de outro" (Hirschman, 2000, p. 33).

O que se vê no Brasil de 2023 é o confronto das paixões desmedidas dos ocupantes de cada poder. O ser humano não se contenta em limitar-se às prescrições constitucionais. Entende sempre que seus *interesses é que traçam tais limites. É o desmedido orgulho e o desejo de poder.*

Nem por outro motivo é que Albert Hirschman observa que "as paixões que mais necessitam de freio são as dos poderosos, que estão em posição de causar danos em grande escala, e os quais eram considerados como particularmente bem providos de paixões em comparação com os estamentos sociais mais modestos" (Hirschman, 2000, p. 72).

Também não é por outra razão que se impôs a tripartição dos órgãos do exercício do poder, exatamente para que as paixões de uns não se sobrepusessem às dos outros. Vã esperança. Os interesses a tudo dominam e os poderes digladiam-se, trazendo séria intranquilidade à população e abalo às instituições.

21 DEMAIS ÓRGÃOS DO ESTADO E A SOCIEDADE

Os três órgãos de exercício do poder não esgotam o exercício estatal. Ali está o Ministério Público. E o que se disse para os demais poderes repercute em seus integrantes. Os procuradores e promotores de Justiça são igualmente homens e mulheres sujeitos às emoções; o mesmo pode ser dito dos defensores públicos, dos procuradores da República, do Estado e dos municípios.

Todos são, enfim, homens e mulheres que vivem na sociedade e mantêm contatos com outros e outras, cada qual passando a ter reações diferentes, de acordo com sua estrutura psíquica e com a formação que lhe foi dada. Não existem duas pessoas iguais. Cada qual sofre influência do meio em que vive, submetendo-se a escolas públicas ou particulares, vivendo em harmonia ou em conflito, com bons ou maus professores – tudo vai formando no indivíduo seu caráter e sua personalidade. Esse será o repertório que regerá toda a sua vida.

Sejam membros de órgãos que integram a estrutura do Estado ou simplesmente pertençam à sociedade, cada qual tem sua formação própria, mas nenhum deixa de sofrer a influência do meio em que vive, dos outros e das emoções que habitam seu íntimo.

Freud bem identificou o *id*, fonte de todas as angústias e todos os prazeres que atingem o ser humano. Depende-se da ação do *ego* para saber como se dará com o *superego*. Pode ser que a classificação freudiana esteja superada pelos estudos mais recentes da psicanálise. No entanto dá bem a ideia didática do que se quer dizer. Ninguém fica imune à influência das emoções. Todos são violinos que serão tocados de uma forma ou de outra na grande orquestra mundial, muitas vezes afinados, em outras absolutamente fora de tom, o que quebra a sintonia e o prazer de ouvir a orquestra.

Em suma, todos estamos na sociedade. É o ser-aí. Jogado nela. Cada qual reage de uma forma e participa do concerto cosmológico de determinada forma. Mas ninguém foge dela. Alguns escapam pela via do suicídio. É que, segundo Camus (*O mito de Sísifo*), o grande e único problema da filosofia é o suicídio. Aí a emoção explode em toda sua extensão, tornando a vida insuportável. Põe-se fim a ela. É o extremo da racionalidade.

22 SOMOS ESCRAVOS DAS EMOÇÕES OU PODEMOS CONTROLÁ-LAS?

Ninguém pode duvidar de que somos alcançados pelas emoções a todo instante. Basta que o mundo ou outro ser humano toque-nos para que tenhamos as mais diversas reações. Por isso, Spinoza (2009, p. 155) chama de *servidão*

> [...] a impotência humana para regular e refrear os afetos. Pois o homem submetido aos afetos não está sob seu próprio comando, mas sob o do acaso, a cujo poder está a tal ponto sujeitado que é, muitas vezes, forçado, ainda que perceba o que é melhor para si, a fazer, entretanto o pior.

Parece que nossa luta permanente é contra nossas emoções ruins. Tentamos dominá-las a qualquer custo, mas, no mais das vezes, elas impõem-se a nosso comportamento. Pensamos dominá-las.

Temos certeza de que tomamos a medida adequada e correta. Será? Não fomos dominados por uma paixão que tentamos dominar? Será que nossa razão deu a última palavra? Será que nossa decisão não foi apenas um confronto entre duas paixões opostas e uma delas venceu e determinou nossa decisão?

Importante ressaltar a posição de David Hume (2009, p. 451) ao afirmar que "a razão é, e deve ser, apenas a escrava das paixões". Ainda segundo o autor, a razão "é a descoberta da verdade ou da falsidade" (p. 498), enquanto paixões, volições e ações são incapazes de tal acordo ou desacordo já que são fatos e realidades originais, completos em si mesmos, e não implicam nenhuma referência a outras paixões, volições e ações" (p. 498).

Evidente que tal tipo de raciocínio envolve sérias considerações a respeito da positividade das normas. Elas existem, resta compreendê-las em toda sua extensão. E, mais, conhecer o que está por trás delas, o que as levou a virem ao mundo jurídico e como aplicá-las.

As perguntas ainda estão vivas. Até que ponto temos o controle absoluto de nossos desejos? Quais paixões dominaram Verlaine e Rimbaud? O que atingiu Hamlet ao ver seu pai assassinado? O que se passou no interior do capitão Dreyfus? Como a ira pode dominar Raskolnikov? Quais as contradições afetivas que cercaram Bentinho? Peri e Ceci tinham condições de partilhar a vida? Como a Musa inspirou Castro Alves para divisar o navio negreiro e descrever seus horrores? O que se passou no interior de Madame Bovary? Como Balzac criou *Père Goriot*? O que motivou Zola a escrever *Germinal*? Como foi a intensidade da vida de Hemingway? Dostoievski logrou tirar de dentro de si toda sua angústia na Sibéria? Por que não controlava seu vício no jogo? Como pôde Homero descrever de forma maravilhosa a conquista, a ira de Aquiles em Troia e os desenganos de Ulisses? Como alterar para deixar tudo como está no sentimento de Lampedusa? Quanta maravilha João

Guimarães Rosa tirou de dentro de si para escrever *Grande sertão: veredas*? Quais sentimentos dominaram Euclides da Cunha? E a notabilidade do sofrimento de *Memórias do cárcere*, de Graciliano Ramos, ao sofrer a injustiça da condenação política?

Poderíamos multiplicar aos milhares os exemplos de grandes escritores, pintores, músicos e todos os que lidam com artes para representar a efusão dos sentimentos. Leve menção a Chopin, que ficou entre seu amor pela pátria e por George Sand? O que será que pensou Beethoven ao ficar surdo? O que moveu Cesare Bórgia a matar os inimigos de seu pai e tornar-se personagem de Machiavelli? Como explicar a pobreza de Marx e sua produção magnífica em diversos setores do conhecimento? E as composições espetaculares do menino Mozart? Como reagiu Spinoza ao ser anatematizado?

Os exemplos somam-se a outros tantos que poderíamos fazer desfilar, mas fiquemos nesses para sermos breves. Apenas quero identificar que os sentimentos são múltiplos e ingovernáveis, por isso precisamos das leis. Elas darão o caráter coercitivo para controle dos instintos. Sem a presença do Estado e o aperfeiçoamento permanente das leis (sempre incompletas) não teríamos como controlar a sociedade para evitar excessos e mortes violentas.

Daí a conclusão de Freud de que a sociedade nasce com a repressão, que a civilização "descreve a soma integral das realizações e regulamentos que distinguem nossas vidas das de nossos antepassados animais, e que servem a dois intuitos, a saber: o de proteger os homens contra a natureza e o de ajustar os seus relacionamentos mútuos" (1996, p. 96). Na sequência, ele afirma que "a substituição do poder do indivíduo pelo poder de uma comunidade constitui o passo decisivo da civilização" (p. 101) e que ela "consegue dominar o perigoso desejo de agressão do indivíduo, enfraquecendo-o, desarmando-o e estabelecendo no seu interior um agente para cuidar dele, como uma guarnição numa cidade conquistada"

(p. 127). Surge daí o sentimento de culpa, que é a tensão entre ego e superego.

Antônio Damásio (2017, p. 11) "estima que os sentimentos impulsionam, avaliam, negociam nossas atividades e nossas produções culturais, e que seu trabalho não foi até aqui reconhecido em seu justo valor".

Diz o mesmo autor que a resposta às emoções provêm de sistemas cerebrais específicos, identifica os neurônios e o hipotálamo como pontos de sensibilidade. Em verdade, não saberia descrever ou identificar onde se processam as emoções, mas é possível acompanhar os autores e saber que as reações são processadas no interior da mente humana, que está conectada com o corpo, ambos responsáveis por todas as emoções. As causas que as provocam são diversas, como já se deixou claro.

O mundo toca-nos, alterando nossos sentimentos. Diga-se o mesmo da presença dos outros (exterior) e da rememoração de passados, que igualmente podem provocar reações. Por vezes, ruminamos algum ódio ao que nos molesta. Coisas eventualmente bem antigas voltam ao nosso pensar e incomodam-nos.

A memória, em tais circunstâncias, pode ser inconveniente ou provocar alegria. A recordação de um acontecimento vitorioso do passado traz-nos lembranças agradáveis e provoca sorriso. Uma recordação de um desencontro afetivo com um ente querido pode provocar nossa angústia ou fazer voltar à mente o sentimento de ira.

Interessante a apresentação que faz André Comte-Sponville (2007, p. 9) sobre as virtudes: "é uma disposição adquirida de fazer o bem". Simples e de leitura agradável, o livro identifica apenas os bons sentimentos, que analisa individualmente ao longo do texto.

Vê-se claramente que os sentimentos afetam os seres humanos das maneiras mais imprevistas e alteram seus comportamentos. Observemos como isso influi no Direito.

23 A CONEXÃO ENTRE DIREITO E EMOÇÕES

Suponho ter deixado claro que os afetos atingem os seres humanos. Melhor, são inerentes à sua natureza. As emoções são naturais e estão presentes em todo comportamento. Ninguém é imune às ações delas.

Portanto é evidente que as emoções alcançam os representantes políticos e mudam seu comportamento. Influenciam na elaboração das leis. Os grupos que se formam no Congresso Nacional têm os mais diversos interesses e movimentam as decisões dos congressistas na aprovação ou na rejeição das normas jurídicas. Depende muito, inclusive, do momento em que devem proferir algum voto na decisão de um projeto em apreciação.

O clima existente no país sobre determinado assunto é instigante para deliberação. Por exemplo, imaginemos, como já ocorreu, de um menor ser arrastado por criminosos pelas ruas de uma cidade. Imediatamente, a casa congressual reage e propõe inúmeros projetos de lei ou, por deliberação, resolve pesquisar quais os projetos em andamento nela. Imediatamente passam à ordem do dia. A deliberação segue rápida. É a comoção social que movimenta o sentimento interno do Senado e da Câmara.

Rapidamente, a mídia reage, repercutindo o fato. O Congresso, desgastado pela morosidade ou por possível corrupção, busca dar uma resposta rápida para que a mídia suavize suas críticas. A lei que daí brotará será malfeita, apenas para atender às circunstâncias de momento e para acalmar a ira da sociedade.

De igual maneira age o Executivo. Seus integrantes são seres humanos e reagem, de imediato, a uma provocação do exterior ou de partidos de oposição. A todo instante existem confrontos com o Congresso ou com outros setores da sociedade, como o Banco Central, que hoje goza de autonomia administrativa e cujos dirigentes são nomeados por prazo determinado sem possibilidade de troca por parte do presidente da República.

É o antigo costume de jogar a culpa sobre o outro. Não se consegue boa administração por culpa dos juros.

O meio ambiente tem servido a uma série de desencontros emocionais. Os defensores da floresta apontam os capitalistas representados pelos mineradores e pelo agronegócio como causadores do desflorestamento. A morte de animais, o fogo, a destruição da mata para plantação, o uso de mercúrio no garimpo, tudo indica a agressão ao ambiente, especialmente à Amazônia. Os integrantes do agronegócio apontam os ribeirinhos e os indígenas como fabricantes de notícias adulteradas.

Por consequência, formam-se grupos defendendo ora uns, ora outros, nos conflitos agrário e ambiental. Todos movidos pelas emoções. Defesa da floresta e do pertencimento do solo ante a exploração agrícola.

O governo deve agir e fica entre dois interesses contrapostos. Nas campanhas eleitorais não se pode prescindir do agronegócio, hoje um dos mais importantes produtores de divisas. Não se pode abandonar os indígenas e ribeirinhos porque têm os olhares do exterior sobre a preservação da floresta. Inúmeros países contribuem para a manutenção da árvore em pé. Há, pois, a captação da simpatia deles.

O Poder Executivo tem que cuidar de inúmeros problemas e a todos deve dar assistência. Educação, saúde, ambiente e saneamento básico são necessidades urgentes da população brasileira. Surgem, então, os conflitos, para melhoria das infraestruturas sanitária e educacional. São códigos fortes na captação da simpatia midiática. O rápido atendimento de epidemias e pandemias, como se viu em passado recente, é significativo para obter o aplauso da população. Mortes em série servem para desacreditar o governo.

O Poder Judiciário não fica fora das pressões sociais. Embora deva ser um órgão que evite a mídia, entrevistas e aparecimento jornalístico, inúmeros magistrados gostam de atrair as atenções. Todo poder é cativante e alimenta o ego das pessoas. O juiz não fica alheio ao que vai pelas ruas e, por vezes, envolve-se afetivamente com algum fato. Pretender ficar imune às notícias e aos acontecimentos da sociedade não é fácil. Envolve-se, às vezes sem querer, mas vê-se alcançado pela onda de vaidade ou de notoriedade.

Em suma, as emoções alcançam os seres humanos e estes integram os três poderes da República.

Na sociedade, os nervos ficam à flor da pele quando ocorrem situações absurdas, agressões a mulheres e a crianças, abandono dos seres humanos, que parecem molambos. Zumbis abandonados pela sociedade. O sentimento vem à flor da pele. Exemplo típico é a Cracolândia existente na cidade de São Paulo. Por uma causa ou outra a pessoa perde o sentido da dignidade e passa a drogar-se. Por vezes, vem de famílias regularmente constituídas. Ocorre que algum fato ponderável na vida fez com que se afastasse de pais e irmãos e experimentasse qualquer tipo de droga. Começa atraída por curiosidade. Sua vida passa a depender dela. Maconha, cocaína, crack e muitas outras drogas passam a fazer parte da vida do usuário. Em pouco tempo está viciado.

A partir daí perde todos os freios inibitórios. Entrega-se. Passa a conviver com outros seres humanos que também já perderam o controle. Juntam-se. Formam-se grupamentos de compra de drogas baratas.

Não só o relacionamento do drogado, mas inclusive o de pessoas normais às vezes esgarça-se. Vizinhos estranham-se por bobagens, normalmente vaidade ou imaginação de críticas, de sedução de mulheres ou de homens, tudo leva a um crescente estado de ânimos que pode redundar em conflito. Condomínios são ambientes propícios à perturbação. Horizontais e verticais. Barulho que incomoda, vizinho que não se importa com a colocação de seu veículo, fechamento de passagens, enfim, uma série de comportamentos desviantes leva ao descontrole emocional no interior de grupos.

O Direito reage buscando a edição de normas jurídicas para disciplinar todos os comportamentos. Ocorre que é impossível, material e juridicamente, estabelecer um rol extensivo do fático. As normas jurídicas são abstratas e genéricas para alcançar uma série indeterminada e indeterminável de situações. Dá-lhes consequente sanção. Ainda assim, os desencontros pessoais e sociais continuam.

Os juízes editam normas individuais e gerais sobre as dissensões que a eles são levadas. Nada obstante, igualmente não logram disciplinar todos os comportamentos.

Em suma, o ordenamento normativo não consegue prever todas as situações de ocorrência possível. "Ora, o universo-da-conduta humana é série interligada de ações e omissões no contexto do espaço físico e do espaço social: é uma série quantitativamente indeterminável e qualitativamente inexaustiva. Há multiplicidade extensiva e intensiva no mundo social". Partindo disso, compreende-se que nem tudo desse universo poderá estear como termo-de-referência do sistema normativo" (Vilanova, 1977, p. 149).

Jamais as normas alcançarão em sua totalidade o universo exaustivo da alma humana.

24 O SER HUMANO. TERMINOLOGIA. AFECÇÕES INDIVIDUAIS E SOCIAIS. INTERNAS (MEMÓRIA) E EXTERNAS (NATURAIS E HUMANAS). AS EMOÇÕES (PAIXÕES) E OS SENTIMENTOS

Tudo que se vem dizendo decorre de uma circunstância só: o fato de sermos humanos. E, como tal, temos todas as virtudes e todos os defeitos de termos nascido. A sociedade e o Estado outra coisa não são senão o reflexo de nossa existência. Bem por isso é que Hobbes (2000, p. 11) diz que "graças à arte se cria esse grande Leviatã que chamamos República ou Estado (em latim *civitas*), que é meramente um homem artificial, bem mais alto e robusto do que o natural, e que foi instituído para sua proteção e defesa".

A ideia de que a mente e o corpo humanos reagem a inúmeras provocações leva às seguintes afirmações de Antônio Damásio (2010, p. 17):

> 1) o cérebro humano e o resto do corpo constituem um organismo indissociável, formando um conjunto integrado por meio de circuitos reguladores bioquímicos e neurológicos mutuamente interativos (incluindo componentes endócrinos, imunológicos e neurais autônomos); 2) o organismo interage com o ambiente como um conjunto: a interação não é nem exclusivamente do corpo nem do cérebro; 3) as operações fisiológicas que denominamos mente derivam desse conjunto estrutural e funcional e não apenas do cérebro: os fenômenos mentais só podem ser cabalmente compreendidos no contexto de um organismo em interação com o ambiente que o rodeia.

O autor equipara o Estado ao ser humano porque é reflexo dele. Nem por outro motivo, Luís XIV disse: "*L'état c'est moi*".[17]

O ser humano é afetado pelo mundo e com ele relaciona-se. Damásio estabelece que o *sentimento é o que atinge o indivíduo. A emoção* (ou *paixão*) *é social. Os sentimentos* podem ser *espontâneos* (estados psicológicos ou da memória) e *provocados* (quando somos atingidos pelo mundo ou pelo outro). Os primeiros nascem em nosso interior; os segundos provêm do exterior.

Aqui, alteramos ligeiramente a classificação: existem as *afecções individuais* e as *sociais*. *Afecção* é o que atinge o ser humano em contato com o mundo. A *afecção* atinge-nos por *eventos externos* (acontecimento *natural* que nos abala, como tsunami, incêndio ou acontecimento *humano*, como ofensa ou violência), ou *internos*, ressuscitados pela memória.

---

17 "O Estado sou eu."

A memória não é mero arquivo classificatório de recordações. Como ensina Bergson (2005, p. 5),

> [...] o passado conserva-se por si mesmo, automaticamente, inteiro, sem dúvida, ele nos segue a todo instante: o que sentimos, pensamos, quisemos desde nossa primeira infância está aí, debruçado sobre o presente que a ele irá juntar-se, forçando a porta da consciência que gostaria de deixá-lo para fora.

A memória é nossa companheira permanente. Não nos abandona e traz ao presente o que vivenciamos no passado. Traz boas e más recordações que nos afetam a todo instante.

O ser humano responde às afecções pelas *emoções* ou *paixões*. Podem ser *boas* ou *más*. Temos que afastar as más paixões e dar prevalência às boas. É a busca do princípio do prazer a que alude Freud, que é seguido por outros tantos autores que as rotulam de forma diversa. É a libido, o desejo, o *conatus*, a vontade do desejo.

Na sequência temos os *sentimentos*, que são as respostas físicas e mentais às *afecções*. *É a extroversão das emoções. Transmitimo-las pelas ações.* Agrado e desagrado são as emoções transmitidas pelos sentimentos, como a noção aristotélica de *potência e ato*.

Antônio Damásio (2017, p. 158) localiza fisicamente as reações nos neurônios, no hipotálamo, no tronco cerebral. Há um conjunto de estruturas chamado sistema límbico, isto é, um conjunto de estruturas cerebrais interconectadas que processam emoções motivadas pela memória.

Diz Sartre (2006, p. 63) que a emoção "é uma transformação do mundo".

O ser humano reage a todas as situações com que se depara das mais diversas formas. Pode reagir com medo, choro, temor, preocupação ou com alegria, destemor. Sempre há uma reação de seu sistema neural. Sempre há uma resposta ao acontecimento que o atinge.

Dependendo de sua reação haverá uma consequência normativa. Se age mediante violência pode sofrer sanção de caráter penal (na hipótese de causar dano a outrem). Pode ser responsabilidade civil no caso de provocar dano físico ou mental a alguém. Os agressores de mulheres que outrora eram absolvidos pelo Tribunal do Júri sob alegação de violenta emoção hoje não mais podem alegar a defesa da honra porque o Supremo Tribunal Federal, em boa hora, terminou com tal pantomina do matador.

25 IDEOLOGIA

Está claro que todo indivíduo tem sua ideologia, mesmo não tendo consciência dela ou sendo apenas um apedeuta. Como dizem Karl Marx e Friedrich Engels (2008, p. 48),

> [...] a classe que dispõe dos meios da produção material dispõe também dos meios da produção intelectual, de tal modo que o pensamento daqueles aos quais são negados os meios de produção intelectual está submetido também à classe dominante. Os pensamentos dominantes nada mais são do que a expressão ideal das relações materiais dominantes.

O que se quer dizer com isso? O indivíduo que vive em sociedade ou enquadra-se na classe detentora de recursos materiais ou não. Aqueles que "dominam" a sociedade enviam mensagens de produção, de consciência, de educação e dizem o que todos devem fazer para preservação da sociedade. Os que não têm meios de compreensão ou estão distantes dos mecanismos de informação bebem-nos por meio das classes mais fortes. Logo, são influenciados por elas. Estas nem sempre divulgam todas as informações exatamente para mantê-los desinformados e, pois, dóceis às suas mensagens de exclusão.

Evidentemente, não se pode impor ideias ou comportamentos. A sutileza aí impera. Os cativantes passos iludem os desinformados, que são conquistados pelos mais ilustrados e mais fortes. Segundo Marilena Chauí (2008, p. 85), "a ideologia é o processo pelo qual as ideias da classe dominante tornam-se ideias de todas as classes sociais, tornam-se ideias dominantes". E prossegue:

> A ideologia consiste precisamente na transformação das ideias da classe dominante em ideias dominantes para a sociedade como um todo, de modo que a classe que domina no plano material (econômico, social e político) também domina no plano espiritual (das ideias) (2008, p. 85).

Ideologia significa, pois, a dominação pelas ideias. Não é a dominação física. Constituem-se manifestações de ideais políticos sub-repticiamente disfarçados de emoções benquistas pela maioria da sociedade e encobertos com significados prazerosos para todos. Só que estão escondidos os efetivos e verdadeiros desejos por trás das promessas, compromissos que se revestem de fatos.

O dominante não pode externar toda sua força nem demonstrá-la. Ao contrário, deve dar a impressão de que tem todas as características de bondade e dedicação à causa pública. Assim, logra conquistar a simpatia e bem-querença de todos ou da maioria. Com isso, domina. Mas não pode demonstrar que manda nem que impõe sua vontade. Ao contrário, suaviza seu poder por meio de gestos cativantes. Nada obstante, impõe sua vontade. O dominado deixa-se levar. Isso é ideologia. Mecanismo de captação da vontade do outro sem que o outro disso dê-se conta.

Foucault faz restrição ao seu uso. Primeiramente, entende que a palavra não é utilizável porque, querendo-se ou não, "ela está sempre em oposição virtual a alguma coisa que seria a verdade" (Foucault, 1982, p. 7). Ademais, é sempre alguma coisa secundária, como o sujeito, e também deve funcionar como infraestrutura econômica ou material (p. 7).

Em verdade, o sentido de ideologia guarda o sentimento do obscuro, isto é, da sonegação da verdade, para que capte o sentimento do outro em seu prol. É a sedução por palavras que não correspondem à realidade. Ideologia destina-se a obnubilar o entendimento do outro. Daí o perigo de seu uso.

26 QUAL A CONSEQUÊNCIA DO ESTUDO DAS EMOÇÕES NO DIREITO? PARA QUE SERVE?

Em primeiro lugar, o estudo das emoções destina-se a fazer conhecer o Direito em todas as suas dimensões, desde a produção normativa, sua aplicação e sua apreciação pelos juízes. Não serve para mera descrição das normas nem para conhecimento do ordenamento jurídico. Serve para compreender a razão da vinda da norma ao mundo jurídico, quais os motivos que levaram o legislador a editá-la, quais as forças de pressão que agiram no momento da aprovação e o que levou o Executivo a sancioná-la.

A partir daí há elementos para compreender as decisões judiciais que foram motivadas pelas pressões momentâneas da sociedade, ou simplesmente foram produzidas pela ideologia do magistrado, ou por suas convicções menos ou mais nobres.

Fornece elementos para entender as razões fundantes nas emoções que dominam a pessoa do juiz, do parlamentar e de todos os demais agentes públicos. Suas angústias, seus desejos, sua ira ou ódio, seu rancor, seu amor, sua simpatia por uma das partes, seu agrado por um artista ou por uma incontida atração física. Tudo passa a agitar o corpo do magistrado e dos demais agentes, que se veem atraídos por uma circunstância que domina suas mentes na prática de agradar setores da sociedade. Os agentes públicos estão sujeitos às flutuações de caráter e a sentirem-se tocados por notícia de jornal, pela versão dada pela mídia ou por sua convicção pessoal de como os fatos ocorreram.

Isso é dito em relação aos congressistas e titulares de cargos executivos ou de seus auxiliares. Todos que ocupam cargos públicos estão sujeitos a pressões e impressões deixadas pela mídia ou, no primeiro caso, pela sociedade. Os indivíduos não ficam fora do alcance das emoções. Todos delas somos cativos.

Logo, o estudo das emoções dá-nos instrumentos para compreender a situação em que os atos ou contratos são praticados e, na sequência, poder desfazê-los, se for o caso, verificando a intenção dos agentes. Uma licitação decorreu de conluio? Um contrato decorreu de má-fé? Um ato administrativo foi praticado mediante fraude ou corrupção? Uma lei decorreu de composições corruptas?

Tudo pode levar-nos ao desfazimento de tais atos, desde que logremos demonstrar que os agentes públicos agiram com intenção de prejudicar terceiros ou de apropriarem-se de recursos do erário.

27 O POLÍTICO NAS EMOÇÕES. AS POLÍTICAS PÚBLICAS. AS EMOÇÕES NO ORÇAMENTO

Originariamente, a política nasce na pólis, ou seja, no centro das cidades gregas onde os cidadãos debatiam os rumos a tomar e o que seria mais adequado para eles.

Modernamente, a política tem o sentido de deliberações públicas tomadas pelos agentes para disciplinar a vida em comum e trazer o bem-estar para todos. Diz Carl Schmitt (1992, p. 43) que "o conceito do Estado pressupõe o conceito do político". O mesmo autor equipara o político ao estatal. Não é uma solução, mas uma equiparação do problema. É interessante sua análise, no capítulo segundo, da situação amigo-inimigo. É a ligação ou a separação de interesses que a determina.

Por conteúdo político entendemos o que diz respeito ao bem-estar da sociedade em sua completude. É a tomada de decisão que delibera sobre o que fazer em prol da comunidade em todos os seus sentimentos e em todas as suas necessidades. É a análise dos problemas e dificuldades que a sociedade tem e a busca de caminhos para enfrentá-los. Podemos a isso rotular de *políticas públicas*.

Aos agentes estatais investidos regularmente em suas funções cabe a decisão de solucionar as dificuldades encontradas na realidade da cidade, do Estado-membro ou da União. Cada qual deve buscar caminhos de soluções de todos os seus problemas. Bem sabemos quais são: saúde, educação, cultura, preservação ambiental, infraestrutura urbana, transporte, e daí por diante, tal como previsto na Constituição da República e nas leis sequenciais.

As emoções, como sentimentos sociais, reagem às necessidades da população. É o sentimento que pulsa na preocupação com o coletivo.

Temos nossos sentimentos individuais e a eles reagimos de acordo com a estrutura de cada um. De outro lado, vivemos em sociedade e nossos sentimentos refletem os interesses da realidade em que estamos. Uma das preocupações maiores hoje diz respeito à segurança pública. Temos medo de sair às ruas. Temos comiseração com os bandidos, mas ao mesmo tempo não queremos sua presença. É a relação que se passa na sociedade e cria para os indivíduos honestos um sentimento de repulsa. Chega-se a pensar em *guetos*, mas o sentimento de solidariedade faz com que se repudie tal pensamento.

Calha bem o alerta de David Hume ao afirmar que, como a imperfeição é inerente à natureza humana, ela acompanha o ser em todas as condições "e aqueles que escolhemos como nossos governantes não adquirem imediatamente uma natureza superior ao resto da humanidade simplesmente por adquirirem um poder e uma autoridade superiores" (2009, p. 591).

A circunstância de ser eleito para alguma atividade pública não imuniza o agente público de todos os vícios inerentes à natureza humana.

O agente político tem que tomar decisões a todo instante, ponderando sobre as soluções que deve dar aos problemas que a todo instante são-lhe apresentados. No mais das vezes, está envolvido com partidos políticos, colocação da mulher na situação social, pertinência do segmento LGBTIQA+, educação, cultura, saúde, meio ambiente, infraestrutura urbana, transporte e outros mais problemas que afligem a sociedade.

É na política que se pode analisar bem o fator emoções, preponderantes no jogo dos interesses. Cada confronto, cada decisão, cada lance para enquadramento no partido, cada mudança de partido, cada posto que possa vir a ser ocupado, cada cargo ambicionado, tudo faz parte desse grande jogo apaixonado da política, mas nele não se esgotam os sentimentos humanos que estão presentes em todos os momentos, em todos os lances, em todas as relações sociais e em todos os relacionamentos político-jurídicos.

As emoções não se calam e surgem a cada instante no interior da norma ou fora dela, a gritar por sua alteração e por sua correta aplicação. Por vezes perdem, por vezes ganham.

27.1 AS POLÍTICAS PÚBLICAS

É chamado de políticas públicas o cumprimento dos comandos constitucionais e legais que dizem respeito à consecução de atribuições em benefício da população. São exemplos a educação, a saúde, o saneamento básico, o transporte e assim por diante. As competências do Estado são definidas pelo constituinte originário ou derivado e também pelos legisladores nacionais, estaduais, distritais e municipais. Cada qual, dentro de sua competência, determina o que vai realizar e como o fará.

A partir daí, os agentes públicos definem a forma como vão desenvolver as políticas imprescindíveis para prestar comodidades que serão usufruídas pela população. Sabidamente, há comunidades que ficam distantes dos benefícios públicos, tais como energia elétrica, postos de saúde, saneamento e escolas públicas. É com estas que o governo deve preocupar-se para dar-lhes o mínimo de dignidade.

A consumação de tais providências depende da competência e da reta intenção dos agentes. Devem decidir o que fazer, dar primazia a determinados objetivos e estabelecer prioridades. Os recursos públicos são finitos e as necessidades da sociedade são plurais. Daí a importância de escolher o que deverá ser realizado, viabilizar recursos e instaurar os procedimentos administrativos para transformar sonhos em realidade.

As comunidades periféricas, constituídas em sua maioria de pretos e pobres, estão carentes da presença do poder público, especialmente na segurança, na saúde e na educação. Impõe-se concretizar mecanismos para o atendimento de tais populações.

Eleger prioridades não é apenas questão burocrática, mas mexe com as emoções dos governantes. O mais sensível saberá olhar com solidariedade o abandono a que se acham relegadas tais comunidades.

É basicamente a emoção que entra em campo para servir como ponto de partida das políticas públicas. Como o agente público tem opções, são as emoções que decidem.

27.2 AS EMOÇÕES NO ORÇAMENTO

Embora possa parecer texto frio de lei, o orçamento é o receptáculo de todas as emoções. Ali encontram-se recursos para atender aos mais angustiantes problemas do Executivo, aprovados ou não pelo Legislativo. Para onde devem ser destinados os recursos.

Os arts. 165 a 169 da Constituição Federal devem ser lidos nas entrelinhas. Deve-se desvendar por trás da letra da lei o que há de mais fundamental, que é o destino dos recursos para "erradicar a pobreza e a marginalização" (inciso III do art. 3º da Constituição Federal), bem como construir uma sociedade "livre, justa e solidária" (inciso I do art. 3º).

Vê-se que os recursos devem estar dirigidos a esses fundamentos da República. Isso sinaliza que o agente público, ao decidir o destino das verbas, deve estar atento às suas finalidades.

Como ignorar os sentimentos se a Constituição os prevê a todo instante? O orçamento não pode ser lousa fria onde enterrar uma nação; ao contrário, estabelece diretivas de execução para políticas públicas em benefício da sociedade como um todo. As emoções pululam nas decisões, afastando a razão e se assenhoreando dos corações políticos. Ao menos é como deveria ser, cheios de emoção e ética.

28 A ÉTICA

Se sabemos que as emoções têm forte participação nas decisões, sobrepujando até mesmo a razão, como fica o comportamento ético diante de tais circunstâncias?

A ética é identificada com a conduta sensata do ser humano compatível com sua vivência em sociedade. Segundo Sartre (2010, p. 33), "o homem está condenado a ser livre". A todo instante deve tomar decisões. Logo, o ser humano tem a consciência de si e dos outros e suas decisões alcançam determinado campo de valores. Eles estão na sociedade e são selecionados pelo órgão encarregado de legislar, isto é, de disciplinar a vida dos seres humanos para permitir a convivência, impondo sanções em caso de rompimento do pactuado.

O ser humano vive em sociedade e está constantemente em contato com os outros e, como tal, existe um círculo de comportamentos permitidos, outro de proibidos e um terceiro de obrigatórios. São os modais deônticos. Dentro desses círculos transita o ser humano. Para convivência possível é importante que exista certo grupo de valores que norteiam a vida próxima.

Como compactuar a vida instintiva ou apaixonada com determinados valores? Ora, na medida em que existe, a sociedade traça uma linha demarcatória dos valores permitidos, obrigatórios e proibidos. Dentro dos referidos círculos ou no interior dessa linha existem os valores éticos encampados por ela.

Sendo assim, eles funcionam como freio inibitório da manifestação dos instintos na terminologia freudiana. Aí está a ética. Não entra em confronto com os instintos, porque o *ego* sofre as restrições do *superego*. Há equilíbrio nos comportamentos regidos pelas restrições sociais.

Vê-se que não há incompatibilidade da manifestação extrínseca das emoções com a preservação dos valores sociais.

29 NICCOLÒ MACHIAVELLI E O MUNDO COMO ELE É

Um grande livro é *O príncipe*, do italiano Machiavelli. Nele, o autor procura "a verdade efetiva das coisas" (2008, p. 73) do que se imaginou sobre elas. A verdade efetiva das coisas não é como elas estão retratadas nas normas jurídicas ou canônicas. É como elas acontecem na realidade, isto é, a fluência das paixões que estão no íntimo de cada um.

Ele esclarece que o príncipe deve "saber usar bem tanto o animal quanto o homem" (2008, p. 83). "Visto que um príncipe, se necessário, precisa saber usar bem a natureza animal, deve escolher a raposa e o leão, porque o leão não tem defesa contra os laços, nem a raposa contra os lobos" (p. 84). O príncipe deve ser zeloso, "clemente, fiel, humano, íntegro religioso – e sê-lo, mas com a condição de estares com o ânimo, disposto a, quando necessário, não o seres, de modo que possas e saibas como tornar-se o contrário" (p. 85). Para manter o poder, deve "agir contra a fé, contra a caridade, contra a humanidade e contra a religião" (p. 85).

É que muitos príncipes antigos foram criados pelo centauro Quíron. "Ter um preceptor meio animal, meio homem não quer dizer outra coisa senão que um príncipe deve saber usar ambas as naturezas, que uma sem a outra não é duradoura" (p. 83).

O autor teria tido como paradigma o comportamento de César Bórgia, filho do papa Alexandre VI, que não tinha pudores no exercício, primeiro do cardinalato e, depois, do comando dos exércitos do Vaticano. O papa vivia em franca mancebia com diversas mulheres. Inclusive, mandou prender e matar Savonarola, duro crítico de sua gestão.

Mais que nunca se percebe a natureza das paixões contra a razão. E o livro de Machiavelli é um canto à demonstração de que as paixões preponderam sobre a razão, inclusive para manter o reinado ou o principado.

É a glorificação das paixões como condutoras dos atos.

30 PARA QUE O ESTUDO DAS EMOÇÕES? O RETORNO. O MUNDO DAS DESIGUALDADES. PRECONCEITOS. RAÇA, GÊNERO. DROGAS

Estudar as emoções significa analisar o ser humano em sua existência e sua essência. O contato que temos com o mundo é pelos sentidos. As sensações são, pois, nossa primeira conexão com a realidade. Reagimos, então, a elas. Podemos ter uma primeira explosão de afetos. Repulsa ou agrado. A partir daí tomamos *conhecimento* das coisas. Explica Kant (2018, p. 61): "a capacidade de receber representações (receptividade), graças à maneira como somos afetados pelos objetos, denomina-se *sensibilidade*". A sensibilidade dá-nos os objetos, "mas é o entendimento que *pensa* esses objetos e é dele que provêm os conceitos" (Kant, 2018, p. 61).

A sensibilidade põe-nos em contato com o mundo. Dela recebemos os objetos e por ela é que nos tocam as emoções. Estas advêm da natureza humana. É ela que identifica o ser humano. A razão irá processá-las. A compreensão das emoções dá-nos o perfil de cada qual.

Para adequada compreensão do mundo é imprescindível que saibamos compreender as paixões. Elas integram a natureza do ser humano, em recepção e ação. A boa compreensão de como funciona o mundo, como reage o ser humano individualmente e em sociedade e como articulam-se os órgãos de exercício do poder do Estado apenas pode decorrer da compreensão das paixões.

O estudo das emoções (ou paixões) leva-nos à melhor compreensão da realidade. Estudar simplesmente as formas jurídicas, seu relacionamento sintático e semântico pode levar-nos a determinada visão das coisas, mas será uma visão em paralaxe. Essa visão consiste no aparente deslocamento do objeto pela mudança de posicionamento de quem o observa. Se nos distanciamos do objeto ou nele colocamos maior intensidade de observação, percebemos que ele se altera. Não o objeto, mas o modo de o focalizarmos.

Se ficarmos no estrito ângulo normativo perdemos tudo que se passa ao redor dele. É análise válida, mas ficamos distante da compreensão total do fenômeno. A análise sintática é importante do ângulo da validade. A semântica é importante se visualizarmos a conexão dos termos linguísticos com o usado na norma. Isso oferece-nos determinada apreensão dos objetos e podemos chegar a diversas conclusões. Ocorre que irá faltar-nos o todo, a captação do fenômeno em toda a sua extensão.

Por meio da preocupação com o *humano*, o estudo das paixões (ou emoções) outra coisa não significa do que visualizar o comportamento dos animais racionais. Assim, a civilização, "em termos genéticos, está fundada na supressão dos instintos" (Marcuse, 2009, p. 85).

Há, pois, luta permanente entre os instintos que devem ser dominados e a civilização transformada em normas jurídicas para propiciar o bem-estar de todos e a convivência harmônica dos indivíduos.

O que deve ser analisado é o todo do plexo relacional indivíduo-instinto-norma-sociedade. Apenas pela conexão de todos os fenômenos pode-se compreender bem a sociedade em seu funcionamento e nas permanentes interligações entre os seres humanos e as instituições.

O estudo do Direito pressupõe uma visão sobre as desigualdades existentes no mundo. Como disse Rousseau (2017, p. 43),

> [...] concebo na espécie humana dois tipos de desigualdade: uma que chamo de natural ou física, porque é estabelecida pela natureza e consiste na diferença das idades, da saúde, das forças do corpo e das qualidades do espírito ou da alma; outra que podemos chamar de desigualdade moral ou política, porque depende de uma espécie de convenção e é estabelecida, ou pelo menos autorizada, pelo consentimento dos homens.

Qualquer teoria da justiça não pode deixar de olhar para tais diferenças; não as naturais, mas as criadas pelos seres humanos. Como diz Martha Nussbaum (2020, p. 278),

> qualquer teoria da justiça que proponha princípios políticos que definam os direitos humanos básicos deve ser capaz de confrontar essas desigualdades e o desafio que elas representam, em um mundo no qual o poder do mercado global e das empresas multinacionais erodiu consideravelmente o poder e a autonomia das nações.

Como não aceitamos a tese do pacto na origem do Estado abraçada pela autora, mas da dominação, ainda não suficientemente estudada, toda e qualquer teoria da justiça deve começar pelo estudo do que se encontra por trás da imposição de normas. É a dominação do mais forte representado pelos grupos que se assenhoram do poder. Em segundo plano, a dissimulação de que se utilizam, em todos os seus passos, para iludir os dominados (a sociedade como um todo), em todos os passos estatais. O terceiro momento é desvendar os olhos da deusa da Justiça (um quadro que ilustra isso está na edição de *A nau dos insensatos*, de Sebastian Brant, de 1945, em que se vê o bufão tapando, por trás, os olhos dela). O quarto ponto é a descoberta dos desvãos das tratativas realizadas nos porões e no tardar da noite. Outro dado é o domínio ideológico e, pois, traiçoeiro, no uso de palavras amenas para disfarçar falcatruas.

As desigualdades são patentes. O sol irradia-as e são vistas, só que ignoradas. Aí entra a brutalidade das paixões, que simplesmente as ignora. O dar de ombros é constante no mundo político.

O que vale é buscar nas paixões as que são boas e fazê-las prevalecer no mundo dos vivos. No mundo do além elas são desnecessárias. O ser humano está vivo aqui e agora, em carne e osso. Basta percebê-lo. Somente as emoções são capazes disso.

Martha Nussbaum, em seu livro *El ocultamiento de lo humano. Repugnancia, vergüenza y ley* (2012), analisa os referidos sentimentos. Nesse sentido, a repugnância que podemos ter em relação a um mendigo que não toma banho há dias e exala fedor deve envergonhar-nos ou envergonhar o agente público, pois é um ser humano rejeitado pelo mundo, abandonado sabe-se lá por que razões e sem perspectivas humanas de recuperação.

O sentimento de solidariedade deve guiar-nos ao convivermos com pessoas de etnia diversa da nossa, com o índio, com pessoas do segmento LGTBQIA+ e com os incapazes. Lembremo-nos de que a humanidade é uma só, composta por humanos. O problema é que tomamos decisões fundadas em sentimentos de recusa quando, apesar de tudo, deveríamos estar atentos a que todos somos iguais.

Os conflitos que surgem na sociedade dizem respeito aos *preconceitos* que herdamos de geração em geração. A pele "branca" é melhor do que a "negra" e o "hetero" melhor que "homossexual"; o "homem" é superior à "mulher" e o que for diferente disso deve ser estigmatizado. Tudo fruto de emoções que guardamos em nosso íntimo. O espancamento de um homossexual, de uma lésbica, de um/uma trans e todo o mais que temos de preconceitos servem de motivo para explosões de ódio. Ranço secular de mediocridade.

O sentimento de excitação provocado pelas drogas merece repulsa das leis, das ações executivas e dos tribunais. Como já citado aqui, há uma *vergonha* instalada na cidade de São Paulo que se chama Cracolândia. É situação que causa vergonha a todos.

A vergonha é vista sob dois aspectos. É o sentimento de vergonha em face de outro ou de qualquer coisa e também o sentimento interno. É a vergonha de ter vergonha, como disse Albert Camus (2002). Podemos pensar nas *penas infamantes da Idade Média*. Era a reprovação social condenatória.

Normalmente associamos o Direito penal a sentimentos negativos – cólera, ódio, vingança, ciúme, vontade. É que são eles agressores da sociedade, que reage impondo sanções.

As drogas são entorpecentes dos sentimentos e as pessoas ficam sem sentimento de vergonha e excedem em seu comportamento. Daí, o Direito reprime-as. Ópio, maconha, crack, álcool, opiáceos, cocaína, todas são proibidas pelo Direito. Por meio delas, os sentimentos afloram na criminalidade, que tem que ser combatida pelo Direito.

31 A CONSTITUIÇÃO E AS EMOÇÕES. O PERTENCIMENTO

Para saber da necessidade do estudo do entrelaçamento Direito e emoções, basta abrir a Constituição. Já no art. 1º vê-se que um dos fundamentos da República Federativa do Brasil é a dignidade da pessoa humana (inciso III). O Direito não a protege se não olha pelos seus sentimentos. A dignidade é bastante profunda em seu significado. Não é só Direito. É pessoa humana.

Seguindo em seu texto, vê-se que o Brasil tem como objetivos fundamentais construir uma sociedade *justa e solidária* (inciso I do art. 3º). Ora, quanto de afetos, de sentimentos, existe nessas duas palavras! De outro lado, busca-se "promover o bem de todos" (inciso IV do art. 3º). Sábias palavras. As emoções estão aí ou não? Em seguida, vem todo um rol de direitos individuais (art. 5º) e sociais (art. 7º). Defesa da personalidade humana e da vida em sociedade. Essência? Pessoa humana em toda sua conformação individual e cívica.

De outro lado vem o *pertencimento*, ou seja, a Constituição identifica os brasileiros (art. 12) e garante seus direitos, não apenas os já mencionados, mas também os políticos (arts. 14-16). Ademais, cabe ao Estado cuidar da seguridade social (arts. 194-195), da saúde (arts. 196-200), da previdência social (arts. 201-202), da assistência social (arts. 203-204), da educação (arts. 205-214), além de outros problemas inerentes à sociedade. O Estado tem, assim, compromissos sociais e deve cumpri-los. O constituinte originário, seguido pelo derivado, verteu atenções para o atendimento da população mais carente, o que significa ter dado garantia às suas emoções.

O pertencimento é o que faz uma pessoa ser ela mesma, e não outra. É o que permite reconhecer-se e distingui-la das outras, como diz Paul Ricoeur (1999, p. 150). Já para Joanna Genovese (2015, p. 193), "no que concerne ao sentimento de pertencimento escolhido, o indivíduo que se associe a um grupo prova frequentemente um certo prazer, um tipo de satisfação moral de pertencimento a uma entidade".

O Direito cuida do sentimento de pertencimento quando garante ao indivíduo uma pátria, um Estado, um documento de identidade, quando reconhece suas ligações afetivas, garante sua propriedade e seu emprego, permite acesso a cargos e funções públicas.

Ao reconhecer seus direitos, dá às pessoas dignidade, cumprindo com as determinações constitucionais.

32 DA INCONSTITUCIONALIDADE E DA NULIDADE

A inconstitucionalidade pressupõe que a lei editada padece de vício horizontal. A norma inferior deve guardar relação de compatibilidade com o texto constitucional. Se descumpre requisitos, seja por vício na proposição, seja por procedimento ilegal, seja porque a matéria não podia ser objeto de lei complementar ou ordinária, seja, por fim, porque fruto de vontade deturpada do legislador, a norma tem que ser retirada do mundo jurídico.

Não é difícil imaginar que diversos legisladores entrem em conluio para aprovação de uma lei que atinja a autonomia de um dos Estados federados. O conluio pressupõe união viciosa de vontades que busca prejudicar algum ente (sociedade, empresa pública, autarquia, fundação ou mesmo o Estado-membro). Se demonstrada no plano fático tal *corrupção legislativa*, a norma é viciada e deve ser subtraída do mundo jurídico.

Loucura, dir-se-á: imaginar uma lei que possa ser declarada inconstitucional por vício de vontade do legislador. Sejamos sensatos, basta pensar um pouco para ver que a hipótese não é um despautério. Olhemos os bastidores de aprovação. Não me custa imaginar uma situação de flagrante absurdo, mas existente no seio do Congresso Nacional.

Anular um ato é retirá-lo do mundo jurídico por invalidade na sua constituição. Pode ser desfeito por inconstitucionalidade, ilegalidade ou vícios de vontade.

Ora, a detecção do uso de vontade viciada enseja a nulidade do ato. A demonstração faz-se mediante produção de provas. A teoria do Direito civil é farta em apontar causas da nulidade dos atos praticados; o Direito administrativo não fica atrás, além de outras nas hipóteses de corrupção do agente público. O Direito penal demonstra isso no *animus* do agente. O Direito comercial indica vícios na concretude de atos comerciais (veja-se o exemplo maior no *Mercador de Veneza*, de Shakespeare). O Direito internacional exemplifica a possibilidade de um Estado ser retirado de tratados em decorrência do descumprimento de obrigações por parte de outros países ou por ter sido induzido a erro de percepção.

Desnecessário indicarmos todos os ramos de Direito e seus vícios. Cada código específico contém as invalidades que alcançam os atos praticados.

O vício do ato pode encontrar-se nas emoções, reações às afecções do mundo.

33 AS EMOÇÕES NO ABALO DAS DEMOCRACIAS

O mundo tem sentido os efeitos da onda de ódio, de *fake news*, de desestabilização dos governos, o populismo, discursos com promessas fáceis. Os sentimentos afloram na captação da vontade da população, o que redunda em tomada dos governos e, na sequência, na destruição das democracias.

Promessas fáceis vão seduzindo aos poucos a população. Despreparada, gosta de discursos bombásticos que encantam. Vê-se atraída pelas promessas de lugares utópicos, de bem-estar, de progresso. As emoções pululam na mente dos taumaturgos. Steven Levitsky e Daniel Ziblatt (2018) dão o procedimento da quebra: a) compromisso débil com as regras do jogo democrático; b) negação da legitimidade dos oponentes; c) tolerância ou encorajamento à violência; d) tendência de restrição de liberdades civis de rivais e críticos.

Observem bem: todos os dados defluem das emoções. São os sentimentos que se manifestam em atos. Há a busca de uma pessoa carismático-autoritária (Levitsky; Ziblatt, 2018, p. 81) que, persuasivamente, vai erodindo a democracia de maneira gradativa.

Os maus sentimentos vão destruindo a democracia. Moisés Naim (2023) aponta cinco batalhas que precisam ser vencidas: a) contra a grande mentira; b) contra governos criminalizados; c) contra autocracias que procuram minar a democracia; d) contra cartéis políticos que sufocam a competição; e) contra narrativas iliberais.

Sempre as emoções em jogo e na frente da destruição de governos e Estados.

Que ninguém se iluda, os homens são dominados por emoções. Estas, como ervas daninhas, ingressam no Direito e imunizam-no, emasculam e destroem sua força de reação.

Por isso as nações perecem e as democracias morrem.

REFERÊNCIAS BIBLIOGRÁFICAS

AGOSTINHO. **Confissões**. São Paulo: Martin Claret, 2002.

SANTO TOMÁS DE AQUINO. **Suma teológica**. São Paulo: Loyola, 2003. v. III.

ARENDT, Hannah. **Responsabilidade e julgamento**. São Paulo: Companhia das Letras, 2010.

ARISTÓTELES. **Metafísica**. 2. ed. São Paulo: Edipro, 2012.

ARISTÓTELES. **Retórica**. São Paulo: Edipro, 2013.

ARISTÓTELES. **Ética a Nicômaco**. São Paulo: Atlas, 2009.

BALZAC, Honoré. **Collection à tous les vents**. Paris: Alexandre Houssiau, 1855

BIOY, Xavier. **Présidence de la table ronde Rock et subversion**. Paris: Dalloz, 2011.

BOBBIO, Norberto. **Positivismo jurídico**: lições de filosofia do direito. São Paulo: Ícone, 1995.

BOBBIO, Norberto. **Teoria da norma jurídica**. 5. ed. São Paulo: Edipro, 2014.

BOBBIO, Norberto. **Teoria della norma giuridica**. Torino: Giappichelli, 1950

BOLLERI-SCHENIQUE, Laurie; LANZARA, Delphine. **Le droit et les sentiments**. Paris: L'Harmattan, 2023.

BOURDIEU, Pierre. **Sobre o Estado**. São Paulo: Companhia das Letras, 2014.

CAMÕES, Luís de. **Sonetos**. São Paulo: Via Leitura, 2016.

CAMUS, Albert Camus. **Calígula**. Lisboa: Livros do Brasil, 2002.

CARBONNIER, Jean. **Flexible droit, pour une sociologie du droit sans rigueur**. 9. ed. Paris: LGDJ, 1988.

CARRIÓ, Genaro. **Notas sobre derecho y linguaje**. Buenos Aires: Abeledo-Perrot, 1972.

CASSIRER, Ernst. **Ensaio sobre o homem**. São Paulo: Martins Fontes, 2005.

CHAUÍ, Marilena. **Convite à filosofia**. 12. ed. São Paulo: Ática, 2002.

CHAUÍ, Marilena. **O que é ideologia**. São Paulo: Brasiliense, 2008.

CÍCERO. **Discussões tusculanas**. Uberlândia: Editora da Universidade de Uberlândia, 2014.

COMTE-SPONVILLE, André. **Pequeno tratado das grandes virtudes**. São Paulo: Martins Fontes, 2007.

DAMÁSIO, Antonio. **O erro de Descartes**. 2. ed. São Paulo: Companhia das Letras, 2010.

DAMÁSIO, Antonio. **Ao encontro de Spinoza**. Lisboa: Ard-Cor, 2012.

DAMÁSIO, Antonio. **L'ordre étrange des choses**: la vie, les sentiments et la fabrique de la culture. Paris: Odile Jacob, 2017.

DAMÁSIO, Antonio. **Sentir et savoir**. Paris: Odile Jacob, 2023.

DARWIN, Charles. **A origem das espécies**. São Paulo: Escala, 2009.

DESCARTES, René. **As paixões da alma**. São Paulo: Lafonte, 2012.

DESIO, Olympe. **Le droit et les sentiments**. Paris: L'Harmattan, 2015.

DOSTOIÉVSKI. **Os irmãos Karamázov**. São Paulo: Livraria José Olímpio editora, 1962.

DOSTOIEVSKY. **O idiota**. Rio de Janeiro: José Olímpio, 1962.

DUMONT, Jean-Paul. **Elementos de história da filosofia antiga**. Brasília: Editora da Universidade de Brasília, 2004.

DUGUIT, Leon. **Fundamentos do direito**. Sumaré: Martins Claret, 2011.

ELIADE, Mircea. **Mito e realidade**. Cerqueira César: Perspectiva, 2000.

ENGELS, Friedrich. **A ideologia alemã**. São Paulo: Martins Fontes, 2008.

EPICURO. **Caras, máximas e sentenças**. Lisboa: Edições Sílabo, 2009.

FIRTH-GODBEHERE, Richard. **Homo emoticus**. Barcelona: Miradas Salamandra, 2022.

FOUCAULT, Michel. **Microfísica do poder**. 3. ed. Porto Alegre: Graal, 1982.

FRIEDRICH, Caroline Alana. **Direito e afetividade**: o papel das emoções na prática jurídica. Santa Maria: Universidade Federal de Santa Maria, 2022.

FREUD, Sigmund. **Mal-estar na civilização**. Rio de Janeiro: Imago, 1966. v. XXI.

FREUD, Sigmund. **O futuro de uma ilusão**. Rio de Janeiro: Imago, 1969.

FUKUYAMA, Francis. **As origens da ordem política**. Rio de Janeiro: Rocco, 2000.

GALABRU, Sophie. **Le visage de nos colères**: philosophie d'une émotion vitale. Paris: Flammarion, 2022.

GASPARI, Ilária. **Petit Manuel Philosophique**: à l'intention des grands émotifs. Paris: Flammarion, 2023.

GENOVESE, Joanna. L'emprise du droit sur apppartenance. *In*: GENOVESE, Joanna. **Droits et sentiments**. Paris: L'Harmattan, 2015.

GIRARD, René. **A violência e o sagrado**. 2. ed. São Paulo: Paz e Terra, 1998.

HAMILTON, Alexander; MADISON, James Madison; JAY, John. **El federalista**. México: Akai, 2015.

HEIDEGGER, Martin. **Ser e tempo**. Petrópolis: Vozes; Campinas: Universidade Estadual de Campinas, 2014.

HELLER, Gabriel. A toga no divã: uma leitura freudiana do direito contemporâneo. **Revista de Estudos Institucionais**, Brasília, v. 7, n. 1, p. 353-375, 2021.

HESÍODO. **Os trabalhos e os dias**. São Paulo: Iluminuras, 2008.

HIRSCHMAN, Albert O. **As paixões e os interesses**. São Paulo: Paz e Terra, 2000.

HOBBES, Thomas. **Leviatã**. São Paulo: Ícone, 2000.

HUCK, Caroline. L'emprise de la compassion sur le droit. *In*: **Les droit et les sentiments**. Paris: L'Harmattan, 2015.

HUME, David. **Tratado da natureza humana**. 2. ed. São Paulo: Editora da Universidade Estadual Paulista, 2009.

JAMES, William. O que é uma emoção. **Clínica e cultura**, São Cristóvão, v. II, n. 1, p. 669-674, 2013. [1884].

JAMES, William. **Pragmatismo, significado da verdade, princípios de psicologia**. São Paulo: Victor Civita, 1979. (Coleção Os Pensadores).

JAMES, William. **Ensaios em empirismo radical**. São Paulo: Victor Civita, 1979. (Coleção Os Pensadores).

KANT, Immanuel. **Doutrina do direito**. 2. ed. São Paulo: Edipro, 2008.

KANT, Immanuel. **Metafísica dos costumes**. 2. ed. São Paulo: Edipro, 2008.

KANT, Immanuel. **Textos seletos**. 9. ed. Petrópolis: Vozes, 2012.

KANT, Immanuel. **Crítica da razão pura**. 9. ed. Lisboa: Calouste Gulbenkian, 2018.

KASSOUL, Hania. **L'emprise du droit sur l'amour**. Nice: CERDP, 2015.

KELSEN, Hans. **Teoria pura do direito**. 3. ed. Coimbra: Armênio Amado, Coimbra, 1974.

KIERKEGAARD. **O conceito de angústia**. 2. ed. Petrópolis: Vozes; Bragança Paulista: Universitária São Francisco, 2010.

KRAMER, Heinrich; SPRENGER, James. **O martelo das feiticeiras**. Rio de Janeiro: Rosa dos Tempos, 2020.

LE GOFF, Jacques. **Em busca da Idade Média**. Rio de Janeiro: Civilização Brasileira, 2008.

LEVITSKY, Steven. **Como as democracias morrem**. Rio de Janeiro: Zahar, 2018.

LUCRÉCIO. **Da natureza das coisas**. Lisboa: Relógio D'Água Editores, 2015.

MACHIAVELLI, Niccolò. **O príncipe**. São Paulo: Martins Fontes, 2008.

MARCUSE, Herbert. **Eros e civilização**. Rio de Janeiro: LTC, 2009.

MASTOR, Wanda; MARGUENAUD, Jean-Pierre; MARCHADIER, Fabien; HEIN, Fabien; MANON, Xavier. **Droit et rock**. Paris: Dalloz, 2011.

MARONEY, Terry. Direito e emoção: proposta de taxonomia de um campo emergente. **Revista da Universidade de Brasília**, Brasília, n. 19, p. 54-106, 2021.

MARTINS ALVES JR., Luiz Carlos. A toga no divã: uma leitura freudiana do direito contemporâneo. **Revista de Estudos Institucionais**, Rio de Janeiro, v. 7, n. 1, p. 159-168, 2021.

MARX, Karl. **Crítica da filosofia do direito de Hegel**. São Paulo: Boitempo Editorial, 2005.

MARX, Karl. **A ideologia alemã**. São Paulo: Martins Fontes, 2011.

MORIN, Edgar. **O pensar complexo**. Brasília: Garamond Universitária, 1999.

NAIM, Moisés. **A vingança do poder**. São Paulo: Cultrix, 2023.

NIETZSCHE, Friedrich. **O nascimento da tragédia**. São Paulo: Companhia das Letras, 1992.

NIETZSCHE, Friedrich. **O anticristo**. São Paulo: Companhia das Letras, 2007.

NIETZSCHE, Friedrich. **Assim falou Zaratustra**. São Paulo: Companhia das Letras, 2011.

NUSSBAUM, Martha C. **Fronteiras da justiça**: deficiência, nacionalidade, pertencimento à espécie. São Paulo: Martins Fontes, 2020.

NUSSBAUM, Martha C. **Equity and mercy**. Princeton: Philosophy & Public Affairs, 1993. p. 145-188. v. 22.

NUSSBAUM, Martha C. **El ocultamiento de lo humano**: repugnancia, vergüenza y ley. Buenos Aires: Rosmanya Vals S. A., 2012. p. 89-147.

OLIVEIRA, Regis Fernandes. **As desigualdades sociais, a mulher e a liberdade no direito**. Barueri: Novo Século, 2020. (Coleção Estante do Direito).

OLIVEIRA, Regis Fernandes. **Homossexualidade**: uma visão mitológica, religiosa, filosófica e jurídica. São Paulo: Revista dos Tribunais, 2011.

OVÍDIO. **A arte de amar**. São Paulo: Tipografia Cupolo, [s.d]. (Coleção Cultura Universal).

PANOFSKY, Erwin. **O significado das artes visuais**. Cerqueira César: Perspectiva, 2014.

PINKER, Steven. **O novo Iluminismo**. São Paulo: Companhia das Letras, 2018.

PLATÃO. **A República**. São Paulo: Martins Fontes, 2006.

PLATÃO. **Teeteto**. São Paulo: Edipro, 2007.

PLATÃO. **Fédon**. São Paulo: Edipro, 2007.

PLATÃO. **Fedro**. São Paulo: Edipro, 2007.

PLATÃO. **O banquete**. São Paulo: Edipro, 2010. v. V.

REZA, Aslan. **Deus**. Rio de Janeiro: Zahar, 2018.

RICOEUR, Paul. **Le mal**. Genebra: Labor et Fides, 2004.

RICOEUR, Paul. **Soi-même, comme un autre**. Paris: Seuil, 1999.

ROULAND, Norbert. Le droit et les passions. **Revista de Mestrado de Direito da Ufal**, Alagoas, v. 8, n. 1, p. 86-107, 2017.

ROUSSEAU, Jean-Jacques. **Discurso sobre a origem e os fundamentos da desigualdade entre os homens**. São Paulo: L&M Pocket, 2017.

SARTRE, Jean-Paul. **A náusea**. Rio de Janeiro: Nova Fronteira, 2005.

SARTRE, Jean-Paul. **Esboço para uma teoria das emoções**. São Paulo: L&M Pocket, 2009.

SARTRE, Jean-Paul. **O existencialismo é um humanismo**. Petrópolis: Vozes, 2010.

SHAKESPEARE, William. **Hamlet**. São Paulo: Victor Civita, 1978.

SHAKESPEARE, William. **O mercador de Veneza**. São Paulo: Victor Civita, 1978.

SHAKESPEARE, William. **Medida por medida**. São Paulo: Victor Civita, 1978.

SHAKESPEARE, William. **Macbeth**. São Paulo: Victor Civita, 1978.

SCHOPENHAUER, Arthur. **O mundo como vontade e representação**. Tradução de Jair Barboza. São Paulo: Editora da Universidade Estadual Paulista, 2005.

SÊNECA. **Cartas a Lucílio**. Lisboa: Calouste Gulbenkian, 2004.

SÊNECA. **Sobre a ira**. Londres: Penguin Books; São Paulo: Companhia das Letras, 2014.

SMITH, Adam. **Teoria dos sentimentos morais**. São Paulo: Martins Fontes, 2002.

SCHMITT, Carl. **O conceito do político**. Petrópolis: Vozes, 1992.

SPINOZA, Baruch. **Ética**. Belo Horizonte: Autêntica, 2009.

VILANOVA, Lourival. **As estruturas lógicas e o sistema de direito positivo**. São Paulo: Editora da PUC-SP, 2014.

YOSHINO, Kenji. **Mil vezes mais justo**: o que as peças de Shakespeare nos ensinam sobre a justiça. São Paulo: Martins Fontes, 2019.

ZIBLAT, Daniel. **Como as democracias morrem**. Rio de Janeiro: Zahar, 2018.

WEBER, Max. **Ensaios de sociologia**. Rio de Janeiro: Zahar, 1979.

grupo novo século

Compartilhando propósitos e conectando pessoas
Visite nosso site e fique por dentro dos nossos lançamentos:
www.gruponovoseculo.com.br

‹ns

- facebook/novoseculoeditora
- @novoseculoeditora
- @NovoSeculo
- novo século editora

gruponovoseculo.com.br

Edição: 1ª
Fonte: Athelas